Claudia Angelika Gienger

Prädiktoren der Schulleistung im Grundschulalter – unter besonderer Berücksichtigung von Intelligenztestdaten

Claudia Angelika Gienger

Prädiktoren der Schulleistung im Grundschulalter – unter besonderer Berücksichtigung von Intelligenztestdaten

Tectum Verlag

Claudia Angelika Gienger

Prädiktoren der Schulleistung im Grundschulalter - unter besonderer Berücksichtigung von Intelligenztestdaten
Zugl.: Bremen, Fachbereich 11, Univ. Diss. 2009

ISBN: 978-3-8288-2307-5

Besuchen Sie uns im Internet
www.tectum-verlag.de

Bibliografische Informationen der Deutschen Nationalbibliothek
Die Deutsche Nationalbibliothek verzeichnet diese Publikation in der Deutschen Nationalbibliografie; detaillierte bibliografische Angaben sind im Internet über http://dnb.ddb.de abrufbar.

Danksagung

Ich bedanke mich bei Herrn Prof. Dr. F. Petermann und Frau Prof. Dr. U. Petermann dafür, dass sie mir die Möglichkeit zur Promotion gegeben haben und mich in dieser Zeit auf konsequente und motivierende Weise betreut haben. Mein Dank gilt ebenso Frau Vertr.-Prof. Dr. S. Roos für das großzügige Gewähren zeitlicher Freiräume während der Endphase meiner Dissertation.

Weiterhin danke ich allen aktuellen und ehemaligen Mitarbeitern und studentischen Hilfskräften des Zentrums für Klinische Psychologie und Rehabilitation der Universität Bremen und des Faches Rehabilitation und Pädagogik bei psychischen und Verhaltensstörungen der Technischen Universität Dortmund für ihre kollegiale Beratung während meiner Promotionszeit.

Ein großes, herzliches Dankeschön möchte ich darüber hinaus Lars Biswanger, Tina Meyer, Stefanie Roos und Susanne Schmidt für die praktische sowie emotionale Unterstützung in den vergangenen Jahren aussprechen.

In gleicher Weise danke ich meiner Familie – Julia, Silvia, Marianne, Bruno und Hermine Gienger – für ihre immerwährende Unterstützung.

Dortmund, 12.02.2009

Inhaltsverzeichnis

I. THEORETISCHER TEIL

1 Einleitung

Die Frage nach den Bedingungsfaktoren der Schulleistung gehört zu den klassischen und zugleich schwierigsten Fragestellungen der Pädagogischen Psychologie (Heller, 1997; Helmke & Schrader, 2006; Krapp, Prenzel & Weidenmann, 2006). Die erste Schwierigkeit besteht bereits in der Bestimmung des Kriteriums Schulleistung: Werden die Leistungen einzelner Schüler oder ganzer Schulklassen betrachtet? Bezieht sich der Begriff der Schulleistung auf fachspezifisches Wissen oder auf übergeordnete Fähigkeiten? Wird der dynamische Aspekt der Schulleistung, der Lernprozess, oder der statische Aspekt, das Lernprodukt, betont? Diesen unterschiedlichen Betrachtungsweisen auf der Ebene der theoretischen Grundlagen stehen ebenso vielfältige Möglichkeiten der Erfassung und Beurteilung von Schulleistung gegenüber, zum Beispiel statische oder dynamische Erfassung der Schulleistung, Einsatz von Schulleistungstests oder Heranziehung des Lehrerurteils (Heller, 1974; Klauer, 2002; Köller & Baumert, 2002; Lehmann, 2002; Saldern, 1999; Sauer & Gamsjäger, 1996).

Die zweite Problematik ergibt sich aus der multiplen Determiniertheit der Schulleistung. Neben den individuellen Bedingungsfaktoren des Lernenden müssen ebenso die Einflüsse von Kontextbedingungen wie Familie und Schule sowie die daraus entstehenden komplexen Bedingungsgefüge der Schulleistung berücksichtigt werden. Die einzelnen Determinanten der Schulleistung werden in den verschiedenen Modellen schulischen Lernens ausgehend von den jeweils zugrunde liegenden wissenschaftlichen Analyseebenen unterschiedlich gewichtet (Heller, 1997; Helmke, 1997; Helmke & Schrader, 2006; Helmke & Weinert, 1997a; Krapp, 1976; Sauer & Gamsjäger, 1996).

Auf der personalen Ebene ist das Thema Schulleistungen bzw. Noten mit vielen – positiven wie negativen – Emotionen auf Seiten der Schüler, aber auch auf Seiten ihrer Eltern verbunden. Schulleistungen und ihre Bewertung sind Bestandteil des Alltags und beim Übergang von der Grundschule auf weiterführende Schulen entscheidend am weiteren Werdegang der Schüler beteiligt. Darüber hinaus gewinnen Schulleistungen im Zuge der internationalen Schulleistungen auch gesamtgesellschaftliche Relevanz (Bos, Hornberg, Arnold, Faust, Fried, Lankes, Schwippert & Valtin, 2007; OECD, 2004, 2007).

Vor dem Hintergrund der skizzierten Rahmenbedingungen wird im theoretischen Teil der Arbeit zunächst das Konstrukt der Schulleistung aus zwei Perspektiven beleuchtet, aus der Sicht der Schulpädagogik, vor allem der Grundschulpädagogik, und aus psychologischer Sichtweise (vgl. Kapitel 2). Anschließend werden im dritten Kapitel die Prädiktoren der Schulleistung betrachtet. Nach einem einführenden Überblick und der Darstellung verschiedener historischer und aktueller Schulleistungsmodelle folgt eine Auseinandersetzung mit den individuellen und familiären Prädiktoren sowie den Prädiktoren der schulischen Lernumwelt. Entsprechend der Thematik der Arbeit werden im vierten Kapitel drei ausgewählte individuelle Prädiktoren der schulischen Leistung vorgestellt: die Intelligenz als kognitiver Prädiktor, das Fähigkeitsselbstkonzept und die Motivation über fremdkontrollierte Anreize als motivationale Prädiktorvariablen. Diese drei Prädiktoren wurden aus der Vielfalt der individuellen Prädiktoren bewusst ausgewählt: Die Intelligenz eines Kindes stellt den stärksten Einzelprädiktor seiner schulischen Leistungen dar (Helmke & Schrader, 2006); das Fähigkeitsselbstkonzept ist ein für das Kindergarten- und Grundschulalter bereits bewährtes motivationales Konstrukt (Helmke, 1998; Kammermeyer & Martschinke, 2003); insbesondere für den Bereich der mathematischen Schulleistung hat sich die Motivation als ein bedeutsamer Prädiktor erwiesen (Aunola, Leskinen & Nurmi, 2006; De Corte, Verschaffel & Depaepe, 2008), aus diesem Grund wird mit der Motivation über fremdkontrollierte Anreize ein zweites, aktuelles motivationales Konstrukt speziell für diesen Bereich schulischer Leistungen berücksichtigt, für das bislang für das Grundschulalter nur einzelne Untersuchungen aus dem deutschen Sprachraum vorliegen (Wild & Krapp, 1995; Wild & Remy, 2002). Der theoretische Teil der Arbeit schließt mit einer Zusammenfassung des Forschungsstandes und der Formulierung der Forschungshypothesen im fünften Kapitel.

Die Intelligenz wird als notwendiger, wenngleich nicht hinreichender Prädiktor schulischer Leistungen bewertet. Im empirischen Teil der Arbeit stehen folglich – nach Ausführungen zur Methodik (vgl. Kapitel 6) – zwei Fragestellungen im Vordergrund, die jeweils die Intelligenz als notwendigen, kognitiven Prädiktor und zusätzlich in Orientierung am aktuellen Forschungsstand zwei unterschiedliche weitere Prädiktoren berücksichtigen: Zum Einen wird die Frage untersucht, welchen Einfluss die Motivation neben der Intelligenz auf schulische Leistungen hat. Dabei interessiert nicht nur die Aufklärung der Schulleistungsvarianz, sondern ebenso der Anteil der erklärten Schulleistungsvarianz, der nur gemeinsam durch kognitive und motivationale Prädiktoren erklärt werden kann. Zum Anderen wird ein Schulleistungsmodell formuliert und analysiert, welches neben der Intelligenz als notwendigem Prädiktor schulischer Leistungen Variablen des soziodemographischen Hintergrunds miteinbezieht. Dieses Modell wird für das Grundschulalter – der hauptsächlich interessierenden Population der vorliegenden Arbeit – und für das Sekundarstufenalter untersucht. Dadurch wird ein Abgleich mit internationalen Schulleistungsstudien ermöglicht. Zusätzlich werden zu Beginn des empirischen Teils der Arbeit der Zusammenhang zwischen Schulleistung und Intelligenz sowie die Stabilität der Schulleistung und der Intelligenz untersucht, um die Ergebnisse der vorliegenden Arbeit in die Forschungslandschaft einordnen zu können (vgl. Kapitel 7). Nach einer Diskussion der Ergebnisse (vgl. Kapitel 8) folgt abschließend ein Ausblick (vgl. Kapitel 9), in welchem mögliche Forschungsimplikationen aufgezeigt werden.

2 Begriffsbestimmung Schulleistung

2.1 Schulleistung aus schulpädagogischer Perspektive

2.1.1 Leistung und Leistungsprinzip

Der Begriff der Leistung und damit verwandte Begriffe wie beispielsweise `Leistungsgesellschaft´, `Leistungsprinzip´, `Leistungsbeurteilung´, `Leistungssteigerung´ und `Leistungsdruck´ tauchen im deutschen Sprachgebrauch häufig auf. In verschiedenen Kontexten ist der Begriff der Leistung dabei mit unterschiedlichen Konnotationen besetzt. In der Physik beispielsweise wird Leistung als Arbeit pro Zeiteinheit bestimmt. Etymologisch betrachtet kommt das Verb `leisten´ aus dem mittelhochdeutschen bzw. althochdeutschen Sprachwortschatz und bedeutet im ursprünglichen Sinn ‚befolgen', ‚erfüllen', ‚ausführen' oder auch ‚einer Spur nachgehen' (Duden, 2003). Allgemein kann Leistung definiert werden „als Vollzug und das Ergebnis einer Tätigkeit, die mit Anstrengung verbunden, auf die Erlangung eines Zieles gerichtet und auf Gütemaßstäbe und Anforderungen bezogen ist" (Sacher, 2004, S. 13). In ähnlicher Weise beschreibt Saldern (1999, S. 12) Leistung „als Prozess und Produkt menschlichen Handelns im Kontext von Selbst- und Fremdbewertung". In beiden Begriffsbestimmungen werden zwei Komponenten des Leistungsbegriffs angesprochen. So ist Leistung zum Einen als Prozess und gleichsam als Produkt gekennzeichnet. Zum Anderen hat Leistung einen normativen Charakter, d.h. Leistung kann nur vor dem Hintergrund eines festgelegten Gütemaßstabes definiert werden.

Der gesellschaftliche Leistungsbegriff im engeren Sinne ist in erster Linie produkt-, auslese- und konkurrenzorientiert. Er wird durch ökonomische Interessen bestimmt, verfolgt das Ziel der Profitsteigerung und fördert Konkurrenzhandeln (Bartnitzky, 1994; Kirk, 2004). Dieses Verständnis von Leistung hat seinen Ursprung im Umbruch der gesellschaftlichen Verhältnisse im 18. Jahrhundert. In Folge des Zusammenbrechens des feudalistischen Systems und den beginnenden Emanzipationsbestrebungen des Bürgertums wird der Zugang zu Bildung und damit zu Positionen in der Gesellschaft nicht mehr durch Geburt in einen bestimmten Stand, sondern durch die erbrachte Leistung des Individuums bestimmt (Klafki, 1996; Nießeler, 2005). Die Industrialisierung und die damit einhergehende Zunahme arbeitsteilig organisierter Produktionsvorgänge im 19. Jahrhundert beschleunigt diese Entwicklung (Heckhausen, 1974).

Klafki (1996) benennt drei Merkmale einer auf dem Leistungsprinzip begründeten Gesellschaft. Erstens werden die berufliche und soziale Position durch die individuelle Leistung des Einzelnen bestimmt. Zweitens existieren begründete und gerechtfertigte Gütemaßstäbe, anhand derer die Leistung des Einzelnen bewertet werden kann. In diesem Verständnis einer Leistungsgesellschaft erfolgt die Verteilung der gesellschaftlichen Positionen also „leistungsgerecht" (Klafki, 1996, S. 221). Und schließlich hat jede Person dieser Gesellschaft die gleichen Chancen, Leistungen zu erbringen. Klafki selbst (1996) schränkt die Gültigkeit dieser drei Kriterien als Merkmale des Leistungsprinzips in unserer Gesellschaft mit Verweis auf Offe (1970; zit. nach Klafki, 1996) jedoch ein. So wird beispielsweise durch die verschiedensten Subventionierungsmaßnahmen des Staates die direkte Verknüpfung von erbrachter Leistung mit der gesellschaftlichen Position entkoppelt, denn dadurch wird der überwiegenden Mehrheit der arbeitenden Bevölkerung ein Mindesteinkommen gesichert – auch dann, wenn sich die erbrachte Leistung im wirtschaftlichen Wettbewerb als unproduktiv erweist. Zudem werden in unserer arbeitsteilig organisierten Gesellschaft die Leistungen des Einzelnen immer schwieriger nachvollziehbar. Die komplexer werdenden Arbeitsprozesse stellen an den Einzelnen neue Anforderungen, wie beispielsweise Kooperationsbereitschaft und Flexibilität. Viele Arbeitsergebnisse können außerdem nur im Team verwirklicht werden. Anstelle des früher erforderlichen Faktenwissens wird Lernbereitschaft vorausgesetzt. Diese Eigenschaften und Fähigkeiten können jedoch kaum anhand eines festgelegten Gütemaßstabs gemessen und bewertet werden. Zudem ist zu bedenken, dass es in unserer bestehenden pluralistischen Gesellschaft kaum noch einen Konsens darüber gibt, was denn eigentlich unter einer guten Leistung zu verstehen sei. Sacher (2004) widerspricht daher der Bezeichnung unserer Gesellschaft als Leistungsgesellschaft und verwendet stattdessen den Begriff der stark leistungsorientierten Gesellschaft. In dieser finden zur Verteilung der Güter und Positionen neben dem Leistungsprinzip noch weitere Prinzipien ihre Anwendung, zum Beispiel das Vorrecht der Geburt, das Bekanntheits- und Beliebtheitsprinzip, das Dienstalter- oder Anciennitätsprinzip, das Treue- oder Loyalitätsprinzip, das Prinzip der politischen Entscheidung und das Geschlechtsprinzip (Heckhausen, 1974; Sacher, 2004; Saldern, 1999). Die grundsätzliche Betonung des Leistungsprinzips bleibt aber bestehen.

Heckhausen (1974) hingegen hebt als wichtigstes Regulativ des Leistungsprinzips das sog. Lebenschancenprinzip hervor. Dieses besagt, dass jedem Individuum die Möglichkeit zur Verwirklichung seiner persönlichen Grundrechte auf ein menschenwürdiges Leben gegeben werden muss. Dies umfasst neben der grundsätzlichen Absicherung des Überlebens auch „Bildung, Persönlichkeitsentfaltung, Teilhabe am politischen, zivilisatorischen und kulturellen Leben der Gesellschaft, Teilhabe an Besitz und Gütern" (Heckhausen, 1974, S. 71). Lebenschancenprinzip und Leistungsprinzip stehen in einem ständigen Spannungsverhältnis zueinander. Auch Saldern (1999) unterstreicht die Bedeutung des Lebenschancen- bzw. Sozialprinzips in unserem Sozialstaat, denn eine absolute und uneingeschränkte Umsetzung des Leistungsprinzips erweise sich als inhuman gegenüber beispielsweise Kindern und Jugendlichen sowie älteren Menschen, die noch nicht bzw. nicht mehr am Arbeitsleben teilnehmen können.

2.1.2 Funktionen des Bildungssystems

Der pädagogische Leistungsbegriff kann nur vor dem Hintergrund der gesellschaftlichen Rahmenbedingungen erörtert werden (Kaiser, 1999). Gesellschaften der Moderne sind durch drei zentrale Subsysteme gekennzeichnet. Das politische System als übergeordnetes System dient der „Regulierung des Zusammenlebens in einem Gemeinwesen" (Fend, 2006, S. 35). Die vorwiegenden Aufgaben sind die Organisation von Entscheidungsprozessen sowie das Festsetzen von Rahmenbedingungen für die untergeordneten Subsysteme. Wichtigste Bezugssysteme des politischen Systems sind das Wirtschaftssystem und das Bildungssystem. Das ökonomische System zielt auf die Erzeugung und Verteilung der

Güter. Das Bildungssystem ist der „Herstellung von Qualifikationen und mentalen Infrastrukturen“ verpflichtet (Fend, 2006, S. 35). Es vermittelt also die für die individuelle und kollektive Existenzbewältigung notwendigen Qualifikationen. Zugleich dient es der Förderung der Integration des Einzelnen in die Gesellschaft. Die verschiedenen Subsysteme der Gesellschaft sind durch ständige Austauschprozesse miteinander verbunden, wodurch das gesamtgesellschaftliche Gleichgewicht gewahrt wird. Zum Beispiel ist das Schulsystem nicht nur eine Instanz zur „systematischen Veranstaltung von Lernprozessen“ (Fend, 2006, S. 38), sondern es ist ebenso ein Mittel zur Umsetzung der Regional-, Arbeitsmarkt-, Wachstums- und Sozialpolitik.

Das Bildungssystem erfüllt verschiedene gesellschaftliche und individuelle Funktionen. Die gesellschaftlichen Funktionen, die sich vorwiegend auf die Reproduktion und Innovation der Strukturen einer Gesellschaft beziehen, gliedern sich in vier zentrale Bereiche. Diese werden im Folgenden kurz skizziert (Fend, 2006; Klafki, 2002):

- *Funktion der Enkulturation:*

  Diese Funktion bezieht sich auf die Reproduktion kultureller Basisfertigkeiten und Verständnisformen auf weltlicher und personaler Ebene.

- *Qualifikationsfunktion:*

  Durch das Bildungssystem werden berufsrelevante Kenntnisse und Fertigkeiten vermittelt.

- *Allokationsfunktion:*

  Das Bildungssystem verteilt die einzelnen Individuen auf künftige Berufe und Positionen in der Gesellschaft.

- *Integrations- und Legitimationsfunktion:*

  Der innere Zusammenhalt einer Gesellschaft wird durch Vermittlung einer kulturellen und sozialen Identität und durch Erzeugung von Zustimmung zum gegebenen politischen System mithilfe des Bildungssystems aufrechterhalten.

Diesen gesellschaftlichen Funktionen stehen entsprechende individuelle Funktionen gegenüber. So werden durch die kulturelle Funktion des Bildungswesens die kulturelle Identität und die Möglichkeit zur kulturellen Teilhabe gefördert. Der Qualifikationsfunktion korrespondiert die Möglichkeit zum Erwerb von berufsrelevanten Fähigkeiten. Die Allokationsfunktion bietet die Chance, den beruflichen Werdegang durch die eigenen Anstrengungen selbständig zu gestalten. Die Integrationsfunktion eröffnet dem Individuum die Möglichkeit zur Herausbildung seiner sozialen Identität und die Chance zur politischen Teilhabe.

2.1.3 Pädagogischer Leistungsbegriff

Das Bildungssystem stellt entsprechend der vorherigen Ausführungen eines der drei grundlegenden Subsysteme unserer Gesellschaft dar. Angesichts der engen Verzahnung der einzelnen Subsysteme verwundert es kaum, dass trotz der problematischen Aspekte des gesellschaftlichen Leistungsbegriffs dieser dennoch oftmals auf den schulischen

Bereich übertragen wird. Die Gleichsetzung des gesellschaftlichen mit dem pädagogischen Leistungsbegriff wird damit begründet, dass die Schule den Einzelnen auf die auf ihn zukommenden künftigen Leistungsanforderungen in der Gesellschaft vorbereiten muss. Nur so kann der Einzelne über seine individuellen Interessen hinweg seine soziale Verantwortung wahrnehmen und zum Erhalt und zur Stärkung der Gesellschaft beitragen (Furck, 1975; Kirk, 2004).

Die bloße Übertragung des gesellschaftlichen Leistungsbegriffs auf den pädagogischen Bereich ist jedoch kritisch zu hinterfragen. So verweist Kirk (2004) darauf, dass Schulleistung mehr umfasst als die messbaren Lernergebnisse zu einem gegebenen Zeitpunkt. Diese zur Zeit häufig anzutreffende Fokussierung widerspricht der grundlegenden, zuvor erörterten Bestimmung der Leistung als Prozess und Produkt. Auch weitere Autoren (Bartnitzky, 1994; Sauer & Gamsjäger, 1996) mahnen an, dass ein ausschließlich produkt- und ausleseorientierter Leistungsbegriff im pädagogischen Kontext nicht vertretbar ist. Vielmehr muss sich der pädagogische Leistungsbegriff am Bildungs- und Erziehungsauftrag der Schule orientieren. Der Auftrag der Schule entfaltet sich dabei in drei Dimensionen (Fend, 1980):

- Die *intellektuelle Dimension* bezieht sich beispielsweise auf die Auseinandersetzung mit den kulturellen Gegebenheiten der Gesellschaft und die Grundlagenvermittlung in den einzelnen Fächern. Hier zeigen sich deutliche Verknüpfungen mit den unterschiedlichen Funktionen des Bildungssystems sowohl auf gesellschaftlicher als auch auf individueller Ebene, besonders mit der Funktion der Enkulturation, der Qualifikationsfunktion und der Integrationsfunktion.
- In der *personalen Dimension* soll die vielseitige Entwicklung der kindlichen Persönlichkeit, zum Beispiel durch Förderung des Vertrauens in die eigenen Fähigkeiten und durch Erziehung zu Selbstverantwortung und Zielstrebigkeit, ermöglicht werden. Auf dieser Analyseebene sind Bezüge vor allem zur Enkulturationsfunktion und zur Allokationsfunktion des Bildungswesens ersichtlich.
- In der *sozialen Dimension* steht die Erziehung zu sozialer Verantwortung, zu Hilfsbereitschaft und Solidarität im Vordergrund. Dies korrespondiert mit der Integrationsfunktion.

Die genannten Zielsetzungen sind in den Schulgesetzen, Richtlinien und Lehrplänen der einzelnen Bundesländer verankert. Zur Veranschaulichung wird im Folgenden mit Hinblick auf die später beschriebene Untersuchung aus den Richtlinien und Lehrplänen zur Erprobung für die Grundschule des Landes Nordrhein-Westfalen (Ministerium für Schule, Jugend und Kinder des Landes Nordrhein-Westfalen, 2003) zitiert:

Die Grundschule als die für alle Kinder gemeinsame Grundstufe des Bildungswesens hat auf der Grundlage des in der Landesverfassung und den Schulgesetzen vorgegebenen Bildungs- und Erziehungsauftrags die Aufgabe,

1. alle Schülerinnen und Schüler unter Berücksichtigung ihrer individuellen Voraussetzungen in ihrer Persönlichkeitsentwicklung, in den sozialen Verhaltensweisen

sowie in ihren musischen und praktischen Fähigkeiten gleichermaßen umfassend zu fördern,

2. grundlegende Fähigkeiten, Kenntnisse und Fertigkeiten in Inhalt und Form so zu vermitteln, dass sie den individuellen Lernmöglichkeiten und Erfahrungen der Schülerinnen und Schüler angepasst sind,
3. durch fördernde und ermutigende Hilfe zu den systematischeren Formen des Lernens allmählich hinzuführen und damit die Grundlagen für die weitere Schullaufbahn zu schaffen,
4. die Lernfreude der Schülerinnen und Schüler zu erhalten und weiter zu fördern. (S. 13)

Weiter heißt es, dass die Arbeit in der Grundschule „damit auf eine ganzheitliche Erziehung und Bildung gerichtet [ist], die personale, soziale und fachliche Elemente als aufeinander bezogene Aufgaben umfasst“ (Ministerium für Schule, Jugend und Kinder des Landes Nordrhein-Westfalen, 2003, S. 14).

Auf dem Hintergrund dieser Vorgaben sollte der pädagogische Leistungsbegriff entgegen dem in der Gesellschaft vorherrschenden produkt-, konkurrenz- und ausleseorientierten Leistungsbegriff am „individuellen Lern- und Entwicklungsprozeß des Kindes, an der sozialen Dimension des Lernens und an den Grundsätzen des Ermutigens und Förderns“ ausgerichtet sein (Bartnitzky, 1994, S. 9). Ein weiterer Kritikpunkt an der Übertragung des gesellschaftlichen Leistungsprinzips auf den schulischen Bereich ergibt sich daraus, dass nicht jedem Schüler die Möglichkeit offen steht, sein optimales Leistungsvermögen zu zeigen. Zwar besteht auf der formalen Ebene Chancengleichheit hinsichtlich der Zugangsbedingungen zu den einzelnen Schultypen, tatsächlich ist diese Chancengleichheit jedoch nicht realisiert (Sacher, 2004).

Zusammenfassend kann man festhalten, dass die Schule in einem ständigen Spannungsverhältnis zwischen den Anforderungen der Gesellschaft und den Entwicklungsmöglichkeiten und Bedürfnissen des einzelnen Schülers steht (Röbe, 2005). Um beiden Ansprüchen gleichermaßen gerecht zu werden, sollten bei der Festlegung von Leistungsanforderungen und Leistungsmessungen auch beide Positionen bedacht werden (Bohl, 2004). In unserem derzeitigen Schulsystem, in welchem Zensuren als Indikatorvariable für die schulische Leistung den Ausschlag für Übergangsentscheidungen geben, ist dies aber nicht zu verwirklichen (Tent, 2006b). Schon in der Grundschule steht – trotz gegenteiliger Forderungen – vorwiegend die Leistung als Ergebnis und somit der Produktcharakter von Leistung im Vordergrund (Bartnitzky, 2004). Zugleich bezieht sich der Leistungsbegriff fast ausschließlich auf den Vergleich von Ergebnissen. Auf diese Weise wird der Vergleich mit den Mitschülern in den Mittelpunkt der Betrachtungen gestellt und damit die Konkurrenzorientierung des Leistungsbegriffs betont. Bartnitzky (1994, S. 13) gelangt angesichts dieser Umstände zu der Schlussfolgerung, dass „der pädagogische Leistungsbegriff [...] im Beurteilungssystem mit Zensuren letztlich kaum realisiert werden [kann]“.

2.1.4 Operationalisierung der Schulleistung

Die Operationalisierung der schulischen Leistung erfolgt über Zensuren bzw. Schulnoten (Tent, 2006b). Der Begriff der Zensur leitet sich von dem lateinischen Wort „censere“ ab, welches „abschätzen, prüfen“ bedeutet (Pons, 1993, S. 49). Heutzutage versteht man unter Zensur im schulischen Setting „nach dem herrschenden Sprachgebrauch die Beurteilung einzelner Schülerleistungen“ (Ziegenspeck, 1999, S. 65). In Zeugnissen werden die Zensuren eines längeren Zeitraumes zusammengefasst. Die Geschichte der Zensuren und Zeugnisse ist eng miteinander verknüpft (Maier, 2001; Ziegenspeck, 1999). Die ersten Zeugnisse treten im 16. Jahrhundert auf. Die sogenannten „Stipendiaten- bzw. Benefizienzeugnisse“ werden mittellosen Schülern auf Wunsch hin ausgestellt, damit sie sich auf Stipendien bewerben können (Dohse, 1967). Diese ersten Zeugnisse dienten weniger der Beurteilung der Leistung eines Schülers, sondern vielmehr bezeugten sie dessen bisherigen Fleiß und seine allgemeine Lebensführung (Ziegenspeck, 1999). Aus dem Benefizienzeugnis entwickelte sich im 18. Jahrhundert das Reifezeugnis, welches zu Beginn noch eher den Charakter eines Empfehlungsschreibens hatte und erst in der Mitte des 19. Jahrhunderts den Berechtigungscharakter erhielt, welcher ihm heute noch innewohnt. Ebenfalls zur Mitte des 19. Jahrhunderts entstand das Realschulzeugnis, welches mit der Berechtigung zum einjährigen Militärdienst verbunden war (Maier, 2001). Das Elementarschulzeugnis diente im Gegensatz zu den Zeugnissen der höheren Schule zunächst der Kontrolle der Schulpflicht (Dohse, 1967). Nach der Reichsschulkonferenz 1920, in welcher die gemeinsame Grundschule für alle Schüler beschlossen wurde, erhielt es jedoch ebenfalls einen Berechtigungs- bzw. Selektionscharakter, denn nun mussten die Schüler am Ende des vierten Schuljahres auf die weiterführenden höheren Schulen verteilt werden (Kraul, 1995; Maier, 2001).

Die erste sechsstufige Zensurenskala, welche auch in Ziffern wiedergegeben wurde, existierte im 16. Jahrhundert: 1 = optimus, 2 = bonus, 3 = mediocris, 4 = dubius, 5 = retinendus, 6 = rejiciendus (Ziegenspeck, 1999). Aus den nachfolgenden Jahrhunderten sind Zensurenskalen mit verschiedenen Notenstufen bekannt, die Anbindung der wörtlichen Beurteilung an eine Ziffernzensur blieb dabei erhalten (Dohse, 1967; Ziegenspeck, 1999). Im 20. Jahrhundert wurde die sechsstufige Notenskala 1938 für alle Schulen des Reichsgebiets verbindlich festgesetzt. Diese sechsstufige Zensurenskala wurde 1954 entsprechend eines Beschlusses der Kultusminister für das gesamte Bundesgebiet gültig, wobei sich die Bewertung der Schülerleistungen zunächst an der Durchschnittsleistung orientieren sollte, auch wenn eine klare und einheitliche Definition des Begriffs der Durchschnittsleistung fehlte. Erst nach einer Vereinbarung der Kultusminister aus dem Jahr 1968 wurde die Durchschnittsleistung ausgehend von den Anforderungen des Unterrichts bestimmt. Die Bewertung von Schülerleistungen erfolgt nun auf der Grundlage der folgenden sechsstufigen Notenskala (Schulgesetz für das Land Nordrhein-Westfalen vom 15. Februar 2005):

1. sehr gut (1)

   Die Note „sehr gut“ soll erteilt werden, wenn die Leistung den Anforderungen im besonderen Maße entspricht.

2. gut (2)

   Die Note „gut“ soll erteilt werden, wenn die Leistung den Anforderungen voll entspricht.

3. befriedigend (3)

   Die Note „befriedigend“ soll erteilt werden, wenn die Leistung im Allgemeinen den Anforderungen entspricht.

4. ausreichend (4)

   Die Note „ausreichend“ soll erteilt werden, wenn die Leistung zwar Mängel aufweist, aber im Ganzen den Anforderungen noch entspricht.

5. mangelhaft (5)

   Die Note „mangelhaft“ soll erteilt werden, wenn die Leistung den Anforderungen nicht entspricht, jedoch erkennen lässt, dass die notwendigen Grundkenntnisse vorhanden sind und die Mängel in absehbarer Zeit behoben werden können.

6. ungenügend (6)

   Die Note „ungenügend“ soll erteilt werden, wenn die Leistung den Anforderungen nicht entspricht und selbst die Grundkenntnisse so lückenhaft sind, dass die Mängel in absehbarer Zeit nicht behoben werden können. (S. 10)

Die ersten kritischen Einwände gegen die vorherrschende Zensurengebung wurden bereits im ausgehenden 19. Jahrhundert geäußert. In den 70er Jahren des 20. Jahrhunderts erreichte diese Diskussion ihren Höhepunkt und wird bis in die heutige Zeit immer wieder neu angeregt (Bartnitzky, 1999; Brügelmann, 2006; Maier, 2001; Landesinstitut für Schule und Weiterbildung, 1997; Winter, 2006). Die Kritikpunkte beziehen sich dabei auf unterschiedliche Aspekte der Zensuren (Liedtke, 1991; Wiemer, 1999). Zum Beispiel bemängelt die Entwicklungspsychologie, dass sich Grundschulkinder zu einem Zeitpunkt mit Noten auseinander setzen müssen, zu dem sie noch keine angemessenen Verarbeitungsstrategien entwickelt haben. Auch die pädagogisch-psychologische Kritik verweist, neben anderen Kritikpunkten, auf die psychischen Belastungen, die mit Noten einhergehen können. Aus messmethodischer Sicht wird zum Beispiel die mangelnde Objektivität beklagt (Maier, 2001). In Folge der andauernden Kritik wurden verschiedene Alternativen zur herkömmlichen Notengebung entwickelt, beispielsweise kamen aus dem Bereich der Mathematik Alternativvorschläge zur sechsstufigen Zensurenskala, die sich jedoch bislang nicht durchsetzen konnten (Fischer, 1991). Zumindest für die erste Klassenstufe sind in allen Bundesländern inzwischen Berichtszeugnisse bzw. Wortgutachten vorgeschrieben, wobei diese durchaus noch kritisch diskutiert werden (Götz, 2005; Müller, 2005b).

In der Grundschule können einige charakteristische Merkmale von Zensuren festgestellt werden. So zeigt sich zum Einen eine fortlaufende Verschlechterung der Zensuren von der ersten bis zur vierten Jahrgangsstufe, wobei die Notenverteilung insgesamt aber günstiger als die Normalverteilung bleibt. Zum Anderen werden die Fächer Mathematik und Deutsch am strengsten bewertet, während für Kunst, Musik und Religion mildere

Maßstäbe angelegt werden (Tent, 2006b). Extremnoten, d.h. (1) = „sehr gut" und (6) = „ungenügend", werden nur selten vergeben (Ziegenspeck, 1999). Die Retest-Reliabilität der gemittelten Hauptfachzensuren liegt in der Grundschule bei $r > .80$, die Retest-Reliabilität von Einzelnoten fällt zumeist niedriger aus. Die einzelnen Fachnoten korrelieren um $r = .65$. Die Angaben zur Kriteriumsvalidität der Noten, operationalisiert über die Gesamtnoten und die Intelligenz, liegen im Allgemeinen bei $r = .50$. Die prognostische Validität der Grundschulnoten fällt mit $r < .50$ eher gering aus (Tent, 2006b). Eine bessere prognostische Validität weisen hingegen die Noten der weiterführenden Schulen im Hinblick auf den Studien- und Berufserfolg auf.

2.2 Schulleistung aus psychologischer Perspektive

Im Bereich der Psychologie existieren keine eindeutigen Theorien zur Struktur, Genese und Entwicklung der Schulleistung (Sauer, 2006). Köller und Baumert (2002) verweisen darauf, dass Schulleistung vor allem im Hinblick auf die individuellen, kontextuellen und gesellschaftlichen Determinanten analysiert wird. Eine klare Spezifizierung des psychologischen Konstrukts Schulleistung wird jedoch oftmals vermisst. Vielmehr wird Schulleistung auf einer inhaltlichen Ebene beschrieben, zum Beispiel anhand der curricularen Vorgaben. Hier wird ein weiteres Problem bei der Charakterisierung von Schulleistung deutlich: Die Anforderungen an die Schüler ändern sich von Klassenstufe zu Klassenstufe, die Lehrpläne der einzelnen Klassenstufen bauen dabei aufeinander auf. So sind beispielsweise die zu Beginn des Lateinunterrichts vermittelten Grammatikkenntnisse notwendig, um in späteren Klassenstufen Ovid, Seneca und Cicero zu lesen. Es stellt sich nun die Frage, ob gute Fachleistungen in jeder Klassenstufe die gleiche latente Dimension im Sinne eines psychologischen Merkmals im engeren Sinne widerspiegeln, oder ob sie eher Ausdruck des Erreichens der curricularen Vorgaben sind. Auf der Basis des gegenwärtigen Forschungsstandes kann diese Fragestellung nicht gelöst werden. Köller und Baumert (2002) fassen daher zusammen, dass eine einheitliche Theorie des Konstrukts Schulleistung auf der Grundlage des derzeitigen Forschungsstandes nicht formuliert werden kann.

Heller und Hany (2002) hingegen unterscheiden zwischen zwei Arten der Schulleistung: Schulleistung aus allgemeinpsychologischer Perspektive und Schulleistung aus differentialpsychologischer Perspektive. Diese beiden Sichtweisen werden im Folgenden näher ausgeführt.

2.2.1 Schulleistung aus allgemeinpsychologischer Perspektive

Aus allgemeinpsychologischer Sicht ist Schulleistung vor allem dadurch gekennzeichnet, dass zunächst über einen längeren Zeitraum hinweg ein Lern- und Leistungsprozess stattfindet, welcher schließlich in einem nachweisbaren Lernergebnis mündet. Der Prozess des Lernens ist dabei von vielfältigen Aktivitäten des Schülers bestimmt, zum Beispiel durch Erarbeitung des Lernstoffs, Übung und Wiederholung, Wiedergabe und Transferleistungen. Diese verschiedenen Lern- und Leistungsaktivitäten basieren nicht nur auf den individuellen Lernkompetenzen des Schülers, sondern werden auch durch die Person des Lehrers, der didaktischen Gestaltung des Unterrichts und weiteren Umgebungsfaktoren beeinflusst. Das Lernergebnis jedoch, welches mit festgelegten Gütemaßstäben verglichen wird, betrachtet man vorwiegend als individuelle Schulleistung des Schülers (Heller & Hany, 2002).

Diese Begriffsbestimmung der Schulleistung umfasst die beiden eingangs erörterten Komponenten des Leistungsbegriffs. So wird Schulleistung als Produktionsvorgang verstanden, der einen längeren Lernprozess voraussetzt und sich anschließend in einem Produkt, dem Lernergebnis, manifestiert. Das Lernergebnis wird zudem anhand eines definierten Maßstabs gemessen und bewertet.

Diese Referenzmaße, die Bezugsnormen, können auf dem Hintergrund unterschiedlicher Bezugssysteme gebildet werden (Rheinberg, 2006). Dementsprechend unterscheidet man zwischen der individuellen, der sozialen und der sachlichen bzw. kriterialen Bezugsnorm (Dickhäuser & Rheinberg, 2003; Heckhausen, 1974; Kirk, 2004). Bei der *individuellen Bezugsnorm* wird die aktuelle Leistung eines Schülers mit seinen früheren Leistungen verglichen, d.h. die Leistungsbewertung beruht auf einem intraindividuellen Vergleich. Die *soziale Bezugsnorm* hingegen beschreibt einen interindividuellen Vergleich, bei welchem die Leistung eines Schülers mit der Durchschnittsleistung einer Bezugsgruppe, im schulischen Kontext üblicherweise die Klasse des Schülers, in Bezug gesetzt wird. Die *sachliche bzw. kriteriale Bezugsnorm* bezieht sich auf einen „Vergleich der Schülerleistung mit einem vorab festgelegten kriterien-, sach- oder anforderungsbezogenen (durch Lernziele oder Richtlinien vorgegebenen) Maßstab“ (Kirk, 2004, S. 42). Je nachdem, welche Bezugsnorm angewandt wird, kann eine erbrachte Leistung unterschiedlich bewertet werden (Rheinberg, 2006). Jede Art der Bezugsnorm hat zudem ihre spezifischen Vor- und Nachteile. Setzt man beispielsweise die individuelle Bezugsnorm als Maßstab an, so kann der individuelle Lernzuwachs berücksichtigt werden. Überdauernde Leistungsunterschiede zwischen einzelnen Schülern werden allerdings nicht abgebildet (Rheinberg, 2002).

2.2.2 Schulleistung aus differentialpsychologischer Perspektive

Die schulischen Leistungen zwischen Schülern einer Klasse oder Jahrgangsstufe weisen zum Teil eine erhebliche Variabilität auf. So zeigte sich in einer Studie zur Überprüfung der Leseleistung, dass die Entwicklung der Leseleistung selbst zwischen Schülern mit ähnlichen kognitiven Eingangsvoraussetzungen beträchtliche Schwankungen aufweist. Die Schüler zeigten zudem unterschiedlich schnelle Fortschritte, aber auch verschieden lange Entwicklungsplateaus, also Phasen, in denen kein Fortschritt zu verzeichnen war (Whyte, 1993). Für Rechtschreibleistungen zeichnen sich bereits zum Ende des zweiten Schuljahres relativ stabile interindividuelle Unterschiede ab, die sich bis ins frühe Erwachsenenalter hinein nachweisen lassen (Schneider & Stefanek, 2007). Auch im Bereich der mathematischen Kompetenzen zeigen sich bedeutende interindividuelle Unterschiede, beispielsweise heben sich Grundschulkinder mit guten Problemlösefertigkeiten von jenen Kindern mit weniger guten Problemlösefertigkeiten durch den flexiblen Einsatz von Abruf- und Dekompositionsfertigkeiten sowie fortgeschrittenen Zählstrategien ab. Dies resultiert in schnellerem und genauerem Lösen von Additions- und Subtraktionsaufgaben (Canobi, 2004).

Schulleistung wird aus differentialpsychologischer Sichtweise daher als persönliches Merkmal aufgefasst, das zwischen verschiedenen Schülern variiert und gleichzeitig beim einzelnen Schüler eine beträchtliche zeit- und situationsübergreifende Stabilität zeigt (Heller & Hany, 2002). Bei diesem Verständnis von Schulleistung wird durch die Fokussierung auf vergleichbare Lernergebnisse der Produktcharakter der Schulleistung betont.

Bei der Erörterung des Begriffs Schulleistung aus unterschiedlichen wissenschaftlichen Perspektiven kristallisieren sich drei zentrale Merkmale heraus:

1. Schulleistung wird gleichermaßen als Prozess und als Produkt verstanden, wobei im momentanen Bildungssystem der Fokus auf dem Produktcharakter der Schulleistung liegt.
2. Schulleistung kann nur anhand einer festgesetzten Norm bewertet werden.
3. Schulleistung im pädagogischen Kontext steht stets im Spannungsfeld zwischen gesellschafts- und bildungspolitischen Selektionsansprüchen an die Institution Schule und dem Recht auf individuelle Entfaltungsmöglichkeiten und Förderung auf Seiten der Schüler.

3 Prädiktoren der Schulleistung

3.1 Einführender Überblick

Zu den Prädiktoren schulischer Leistungen existieren zahlreiche Veröffentlichungen mit einer ebenso unübersichtlichen Vielfalt an dabei berücksichtigten Variablen. Die Ergebnisse der verschiedenen Studien sind uneinheitlich, dies ist aber angesichts der meist isolierten Betrachtung einzelner Einflussfaktoren auch nicht verwunderlich (Helmke & Weinert, 1997a; Krapp, 1976). In einer Metaanalyse basierend auf den Daten von 91 Untersuchungen haben Wang, Haertel und Walberg (1993) die einzelnen Variablen zu 23 Variablengruppen gebündelt, die unterschiedlich großen Einfluss auf schulische Leistungen ausüben. Erwartungsgemäß weisen proximale Variablen, d.h. psychologische Variablen wie kognitive, metakognitive und motivationale Variablen, Merkmale des Unterrichts sowie Bedingungen der häuslichen Umwelt, die größten Zusammenhangswerte mit schulischen Leistungen auf, während distale Faktoren – demographische Variablen und bildungspolitische Vorgaben beispielsweise – nur einen geringen Einfluss ausüben. In Kasten 1 sind die ersten zehn Merkmalsgruppen in abnehmender Rangfolge aufgeführt.

Kasten 1. Einfluss einzelner Merkmalsgruppen auf die Schulleistung: Abnehmende Rangfolge nach Wang et al. (1993, S. 272f.)

1.	Kognitive Kompetenzen der Schüler
2.	Klassenführung
3.	Häusliche Umwelt und Unterstützung der Eltern
4.	Metakognitive Kompetenzen der Schüler
5.	Akademische Schüler-Lehrer-Interaktionen
6.	Politische Vorgaben
7.	Quantität der Instruktionen
8.	Schulkultur
9.	Elterliches Engagement in schulischen Belangen
10.	Lehrplangestaltung

Diese Reihenfolge der einzelnen Variablengruppen wird durch andere Metaanalysen nur bedingt unterstützt. So gelangten zum Beispiel Fraser, Walberg, Welch und Hattie (1987) in ihrer Metaanalyse von 134 einzelnen Untersuchungen zu einer anderen Schlussfolgerung. Bündelt man die einzelnen Variablengruppen zu übergeordneten Merkmalsbereichen, so haben Lernstrategien, Schülermerkmale und Merkmale der Lehre den größten Einfluss auf schulische Leistungen. Den geringsten Einfluss üben Merkmale der Schule und Instruktionsmethoden aus. In Kasten 2 sind die übergeordneten Merkmalsgruppen dargestellt, Tabelle 1 zeigt jene zehn Variablengruppen mit den größten Effektstärken.

Kasten 2. Einfluss einzelner Merkmalsgruppen auf die Schulleistung: Abnehmende Rangfolge nach Fraser et al. (1987, S. 207)

1. Lernstrategien
2. Schülermerkmale
3. Merkmale der Lehre
4. Lehrermerkmale
5. Sozialer Kontext
6. Instruktionsmethoden
7. Merkmale der Schule

Tabelle 1. Einflussstärke einzelner Variablengruppen auf die Schulleistung: Abnehmende Effektstärke (mod. nach Fraser et al., 1987, S. 207)

Variablengruppen	**Durchschnittl. *r***
1. Bekräftigungslernen	.49
2. Qualität der Lehre	.47
3. Kognitive Kompetenzen des Schülers	.44
4. Quantität der Lehre	.38
5. Häusliche Umgebung des Schülers	.31
6. Remediales Lernen/Feedback	.30
7. Einstellung zum Lernen	.29
8. Häuslicher Hintergrund des Lehrers	.29
9. Schulische Lernumgebung	.26
10. Tutorensysteme	.25
11. Zielerreichendes Lernen (mastery learning)	.25

Die teilweise divergierenden Befunde verschiedener Metaanalysen stehen im Zusammenhang mit den theoretischen und methodischen Schwierigkeiten, die sich im Rahmen der Bedingungsanalyse von Schulleistungen ergeben. Ein grundlegendes, bereits erörtertes Problem stellt der Begriff der Schulleistung dar. Eine weitere, elementare Schwierigkeit ist in der multiplen Determiniertheit von Schulleistung sowie der Komplexität der Zusammenhänge und Wirkungsmechanismen begründet. Eine einfache, lineare Beziehung zwischen einer Prädiktorvariable und einer Kriteriumsvariable ist selten, häufiger wird die Schulleistung von komplexen Bedingungsgefügen mit Interaktionen zwischen Bedingungsvariablen, möglichen Substitutionen und reziproken Effekten zwischen Einflussfaktoren und Kriteriumsvariablen bestimmt. Eine Theoriebildung zu Bedingungsfaktoren der Schulleistung wird dadurch erheblich erschwert. Systematische und theoriegeleitete Erklärungsmodelle sind jedoch für die praktische Umsetzung der Erkenntnisse bei pädagogisch-psychologischen Fragestellungen, beispielsweise die Verbesserung der Lehrmethoden oder die individuelle Schullaufbahnberatung, bedeutsam. Gerade langfristige und zuverlässige Schulleistungsprognosen zählen aber zu den schwierigsten Forschungsproblemen der Pädagogischen Psychologie. In den bisherigen Erklärungsmodellen der Schulleistung werden entweder nur Ausschnitte des Bedingungsgefüges von Schulleistungen betrachtet, oder sie umfassen im Sinne eines Makromodells so viele Variablen, dass diese empirisch nicht vollständig erfasst werden können. Dennoch weisen Weinert und Helmke (1997a) darauf hin, dass die auf einer wissenschaftlichen Basis erarbeiteten Schulleistungsprognosen den oft auf einzelnen Erfahrungen beruhenden und durch subjektive Einstellungen gefärbten Plausibilitätsurteilen vorzuziehen sind.

3.2 Modelle schulischen Lernens

In den Modellen schulischen Lernens werden unterschiedlich große Ausschnitte des Bedingungsgeflechts der Schulleistungen berücksichtigt. Auf der Makroebene werden demographische, sozioökonomische und soziokulturelle Faktoren einbezogen, wie beispielsweise im Produktivitätsmodell von Walberg (1990). Die kognitionspsychologischen Prozessmodelle des Wissenserwerbs, vor allem die höheres Lernen konstituierenden, kognitiven Prozesse, werden auf der Mikroebene in den Mittelpunkt gestellt (Steiner, 1996, 2006), wobei die Gewichtung der einzelnen Teilprozesse des Wissenserwerbs unterschiedlich gesehen wird (z. B. Aebli, 1980, 1981; Gentner & Stevens, 1983; Greeno, 1989). Die klassischen Modelle schulischen Lernens sind auf einer mittleren Ebene angesiedelt (Helmke & Schrader, 2006). Im Folgenden werden die Modelle von Carroll (1963), Bloom (1976) und Glaser (1980) vorgestellt, die sich zwar nicht grundlegend voneinander unterscheiden, aber dennoch unterschiedliche Schwerpunktsetzungen verfolgen (Fraser et al., 1987). Mit dem Makro-Modell der Bedingungsfaktoren schulischer Leistungen von Helmke und Schrader (2006) wird abschließend ein aktuelles Modell aufgeführt.

3.2.1 Carrolls Modell des schulischen Lernens (1963)

Die entscheidende Komponente in Carrolls (1963) Modell des schulischen Lernens ist die Variable Zeit. Das Niveau des schulischen Lernens ist eine Funktion der aufgewandten Zeit im Verhältnis zur benötigten Zeit. Das Konzept der aufgewandten Lernzeit wurde von Treiber (1982) in verschiedene Elemente gegliedert: die nominale Unterrichtszeit als die curricular angesetzte Anzahl an Fachstunden in einem Schuljahr, die tatsächliche Unterrichtszeit als Anzahl der tatsächlich abgehaltenen Fachstunden in einer Schulklasse, die nutzbare Instruktionszeit im Sinne jener Unterrichtszeit, die zur Vermittlung der im Lehrplan festgelegten fachlichen Inhalte genutzt wurde, die aktive Lernzeit im Sinne jener Zeit, in der ein Schüler den Unterricht aufmerksam verfolgte und sich am Unterricht beteiligte sowie die Schüleranwesenheit (s. Abb. 1).

Carrolls Modell sowie den daraus abgeleiteten Modellen schulischen Lernens, zum Beispiel das Modell von Harnishfeger und Wiley (1975; zit. nach Helmke & Weinert, 1997a), liegt ein gemeinsamer Aspekt zugrunde: der Fokus auf jene Faktoren, welche die Lernzeit bestimmen. Die Art der Informationsverarbeitung des Kindes, die Auswirkungen von

Erfolg und Misserfolg sowie die Modellierung des Lernens durch den Lehrer spielen eine untergeordnete Rolle.

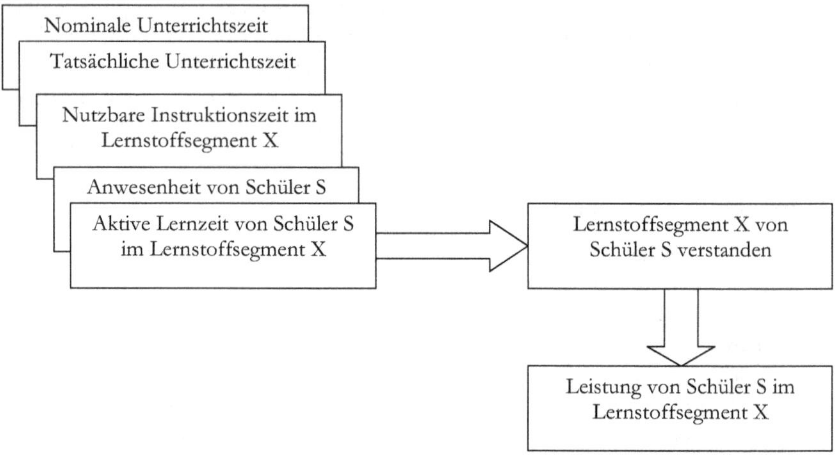

Abbildung 1. Elemente der Lehr-Lern-Zeit in Erklärungsmodellen schulischen Lernens (mod. nach Treiber, 1982, S. 13)

3.2.2 Blooms Modell des schulischen Lernens (1976)

Bloom (1976) betont in seinem Modell schulischen Lernens vor allem zwei Aspekte: die kognitiven und motivationalen Voraussetzungen, die ein Schüler zu Beginn einer Lernaufgabe mitbringt, und die Instruktionsqualität (s. Abb. 2). Den kognitiven Voraussetzungen misst Bloom das stärkste Gewicht bei der Vorhersage des Lernerfolges bei, die Motivation zum Lernen ergibt sich aus früheren Lernerfahrungen mit ähnlichen Lernaufgaben. Im Gegensatz zu früheren Modellen berücksichtigt Bloom drei Lernergebnisse. Auf das Niveau und die Art der Leistung sowie die Lernrate wurde schon zuvor verwiesen, als drittes Lernergebnis hebt Bloom jedoch zusätzlich den Affekt hervor. Die affektiven Lernergebnisse umfassen die psychische Gesundheit und das Selbstkonzept.

Auf der Grundlage dieses Modells entwickelte Bloom das Konzept des zielerreichenden Lernens und Lehrens, das sog. mastery learning (Ewert & Thomas, 1996). Die Vorstellung, dass sich bei längerfristiger Anwendung dieses Konzepts die kognitiven und motivationalen Unterschiede zwischen den Schülern und in der Folge die Unterschiede in der individuell benötigten Lernzeit verringern würden, konnte empirisch aber nicht belegt werden (Kulik, Kulik & Bangert-Drowns, 1990).

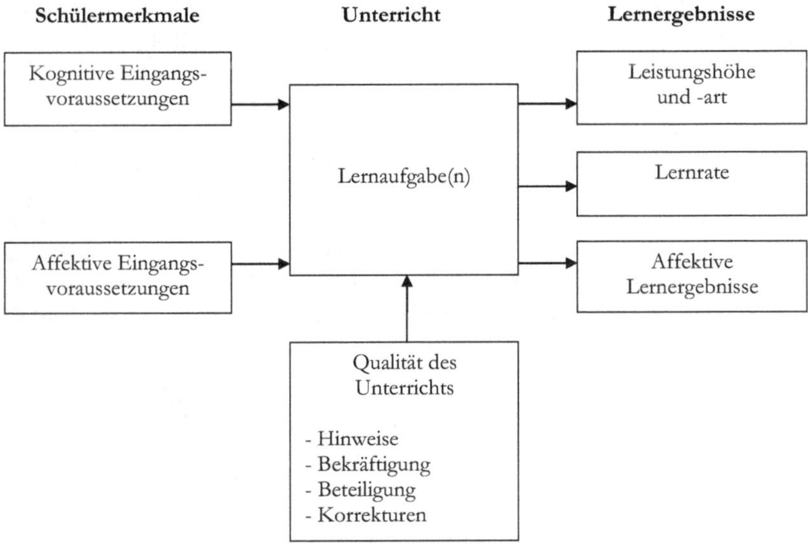

Abbildung 2. Modell des schulischen Lernens von Bloom (1976; mod. nach Helmke & Weinert, 1997a, S. 81)

3.2.3 Das Lernmodell von Glaser (1980)

Glasers Modell schulischen Lernens stellt eine Synthese der Makro- und Mikrotheorien zu schulischem Lernen dar. Im Mittelpunkt dieses Lernmodells steht der Lernprozess, d.h. Glaser betrachtet vor allem die Bedingungen für effektives Lernen und betont das Feedback zwischen Lernprozess und Leistungsergebnissen. Bedingungen der Lehrerpersönlichkeit, der Schulumgebung oder des Curriculums werden nur unter dem Fokus beachtet, inwieweit sie den Lernprozess unterstützen oder behindern.

Glaser stellt vier Komponenten heraus, die den Lernprozess wesentlich beeinflussen. Als erste Komponente verweist er auf die Analyse einer kompetenten Leistung, die zweite Komponente ist eine Beschreibung des Lernausgangsstatus, ähnlich der kognitiven Voraussetzungen bei Blooms Modell schulischen Lernens (1976). Der Transformationsprozess zwischen dem Ausgangsstatus und dem kompetenten Status stellt den dritten Aspekt und den besonderen Beitrag Glasers zu Schulleistungsmodellen dar. Die Beurteilung der Ausführungseffekte als viertes Element bildet ein Feedback zur ersten Komponente.

3.2.4 Das Makro-Modell der Bedingungsfaktoren schulischer Leistungen von Helmke und Schrader (2006)

Im Vergleich zu den bisher beschriebenen Schulleistungsmodellen werden im Makro-Modell der Bedingungsfaktoren schulischer Leistungen von Helmke und Schrader (2006) vier bedeutende Erklärungsbereiche auf der Makroebene hervorgehoben und zugleich die individuellen Determinanten berücksichtigt (s. Abb. 3). Als wichtige Bedingungsbereiche schulischer Leistungen auf der Makroebene nennen Helmke und Schrader (2006) die Familie, Schule, die Medien und Gleichaltrige, jeweils eingebettet in den soziokulturellen Hintergrund. Neben der expliziten Anerkennung der Medien und der Gleichaltrigen als eigenständige Erklärungsbereiche ist an diesem Modell positiv zu vermerken, dass im Bereich der individuellen Determinanten die Bildungs- und Sprachlernbiographie des Kindes beachtet wird. Diese Berücksichtigung früherer Entwicklungsbedingungen und Lernvoraussetzungen entspricht der Forderung Krapps (1976), der in seinem Modell zur Darstellung der Bedingungsfaktoren schulischer Leistungen die Zeitperspektive als wichtige Variable eingeführt hat. Kritisch anzumerken ist dagegen der eher allgemeine Charakter dieses Modells.

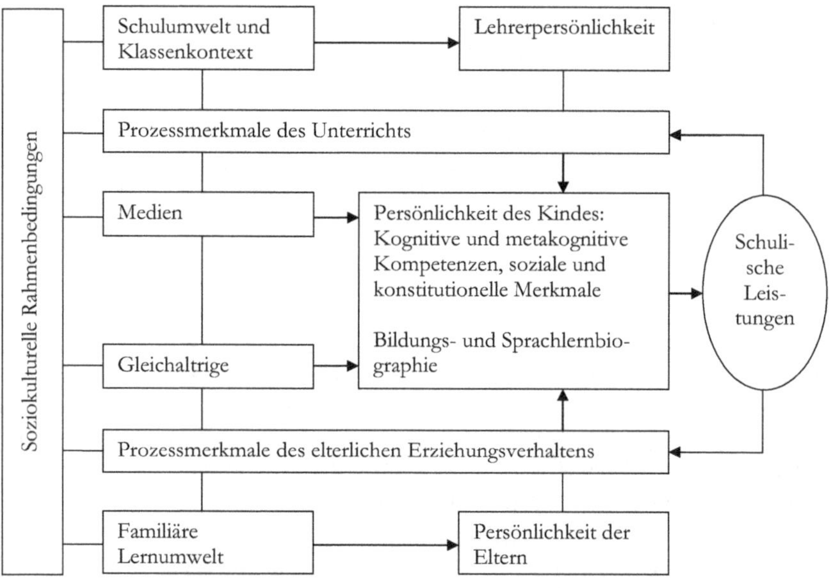

Abbildung 3. Makro-Modell der Bedingungsfaktoren schulischer Leistungen (mod. nach Helmke & Schrader, 2006, S. 84)

Bei der zukünftigen Erforschung der Bedingungsfaktoren schulischer Leistungen sollten verstärkt die verschiedenen Ebenen, auf denen die einzelnen Prädiktoren der Schulleistung angesiedelt sind, sowie die Zusammenhänge der einzelnen Prädiktoren untereinander beachtet werden. Ebenso sollten die typischen Merkmalsunterschiede zwischen Schulklassen und die Entwicklung interindividueller Schulleistungsdifferenzen in einzelnen Schulklassen Berücksichtigung finden. Dabei sollten sowohl die Prozessmodelle des Lernens als auch die Möglichkeiten und Grenzen verschiedener didaktischer Methoden einbezogen werden (Helmke & Weinert, 1997a).

3.3 Individuelle Prädiktoren der Schulleistung

Die individuellen Prädiktoren, d.h. die konstitutionellen, kognitiven und motivationalen Lernvoraussetzungen eines Schülers, sind als die wichtigsten Bedingungsfaktoren der schulischen Leistungen und der Entstehung von Schulleistungsunterschieden zu betrachten (Helmke, 1997). Dieses Bild wurde durch alle metaanalytischen Studien untermauert, beispielsweise durch die schon beschriebenen Studien von Fraser et al. (1987) und Wang et al. (1993). Besonders den kognitiven Lernkompetenzen wird eine herausragende Bedeutung zugesprochen, wobei jedoch zu berücksichtigen ist, dass kognitive Bedingungsfaktoren zwar eine notwendige, aber nicht hinreichende Bedingung für schulische Leistungen darstellen (Deary, Strand, Smith & Fernandes, 2007; Heller, 1997). Vor allem die Wechselwirkungen und korrespondierenden Konfundierungen zwischen kognitiven und motivationalen Bedingungsvariablen, aber auch nicht-kognitive Persönlichkeitsmerkmale und soziale Einflussfaktoren werden häufig hervorgehoben (Helmke, 1997; Petrides, Chamorro-Premuzic, Frederickson & Furnham, 2005; Spinath, Spinath, Harlaar & Plomin, 2006).

3.3.1 Konstitutionelle Faktoren

Als konstitutionelle Bedingungsfaktoren werden die biologischen Merkmale eines Individuums, zum Beispiel das Lebensalter und das Geschlecht, im Zusammenhang mit ihren psychischen Erscheinungsformen bezeichnet (Helmke & Schrader, 2006). In Anlehnung an Helmke und Weinert (1997a) werden in den folgenden Ausführungen konstitutionell verursachte Lernbehinderungen nicht berücksichtigt.

Lebensalter

Die starke Konfundierung von Lebensalter und kognitiver Entwicklung während der Kindheit und dem Jugendalter bildete die Grundlage für den von Binet und Simon (1905, vgl. Holling, Preckel & Vock, 2004) eingeführten Begriff des Intelligenzalters. Mit der Entwicklung einer ersten einheitlichen Intelligenztheorie und der Konstruktion des ersten Intelligenztests schufen sie eine Ergänzung zum bisherigen Entwicklungsindikator für schulische Entscheidungen, dem Lebensalter. Aufgrund der bedeutsamen intra- und interindividuellen Unterschiede hinsichtlich der kognitiven Entwicklung bleibt das chronologische Alter eines Individuums jedoch trotz der positiven, mit zunehmendem Alter aber auch abnehmenden Korrelationen mit kognitiven Leistungen insgesamt betrachtet ein inhaltsarmer Bedingungsfaktor. Bei bildungspolitischen und schulorganisatorischen Entscheidungen sollte daher neben dem Lebensalter stets ebenso der Einfluss weiterer Variablen, zum Beispiel der kognitiven, motivationalen und sozialen Lernvoraussetzungen, beachtet werden (Tent, 2006a). Denn sowohl der Schuleintritt wie auch der Übergang von der Grundschule in die weiterführende Schule stellen ein kritisches Lebensereignis dar, das mit hohen emotionalen Anforderungen an den einzelnen Schüler verbunden ist (Ball, Lohaus & Miebach, 2006; Daseking, Oldenhage & Petermann, 2008; Nickel, 1990; Stöckli, 1992).

Geschlecht

Der internationale Forschungsstand zur geschlechtsspezifischen Ausprägung schulischer Leistungen repräsentiert sich vielfältig und uneinheitlich. Im Bereich mathematischer Leistungen wird zum Beispiel diskutiert, ob überhaupt Geschlechtsunterschiede existieren und wenn ja, ob diese geschlechtsspezifischen Unterschiede Signifikanzniveau erreichen, ob sie das gesamte Spektrum mathematischer Fertigkeiten betreffen und ob sie altersabhängig sind (Lachance & Mazzocco, 2006). Zumindest hinsichtlich des letztgenannten Aspekts der Altersabhängigkeit besteht inzwischen weitgehend Einigkeit: In der Grundschule sind keine bzw. nur minimale geschlechtsspezifische Leistungsunterschiede zugunsten der Mädchen zu verzeichnen, deutlichere Differenzen hingegen zugunsten der Jungen sind im sekundären und tertiären Bildungsbereich zu beobachten, wobei auch diese Differenzen insgesamt gering sind (Hyde, Fennema & Lamon, 1990; Lachance & Mazzocco, 2006). Die vorgefundenen Geschlechtsunterschiede sind zumindest zum Teil kulturell bedingt, nehmen mit höherem Fähigkeitsniveau etwas zu und basieren nicht auf räumlichen Fähigkeitsdifferenzen (Feingold, 1992; Friedman, 1995; Hyde et al., 1990). Für den deutschen Sprachraum lieferte die SCHOLASTIK-Studie bedeutsame Erkenntnisse (s. Kasten 3).

Kasten 3. Die Münchner Grundschulstudie SCHOLASTIK

Die SCHOLASTIK-Studie (Schulorganisierte Lernangebote und Sozialisation von Talenten, Interessen und Kompetenzen) dient der Erfassung individueller Entwicklungsverläufe im Grundschulalter unter Berücksichtigung der kognitiven und affektiven Eingangsvoraussetzungen und des schulischen Kontextes. Die SCHOLASTIK-Studie knüpft an die LOGIK-Studie (Longitudinalstudie zur Genese individueller Kompetenzen) an: An der SCHOLASTIK-Studie beteiligten sich 1150 Kinder aus 54 Grundschulklassen im Großraum München, 118 dieser Kinder nahmen auch schon an der LOGIK-Studie teil (Weber & Stefanek, 1998). Das SCHOLASTIK-Projekt begann im Herbst 1987 mit dem Eintritt der Kinder in die erste Klasse (Helmke & Weinert, 1997b). Mit der SCHOLASTIK-Studie wurde eine Vielzahl von Fragestellungen untersucht, zum Beispiel die Frage nach der Stabilität von Schulleistungsunterschieden und der Bedeutung der schulischen Lernumwelt für die affektive und kognitive Entwicklung; inzwischen liegen mehrere Veröffentlichungen zu den Ergebnissen vor (z.B. Helmke & Aken, 1995; Helmke & Mückusch, 1994; Helmke & Renkl, 1993; Weinert & Helmke, 1995, 1997).

Im Fach Mathematik nehmen die zu Beginn der Grundschulzeit beobachteten geringfügigen Leistungsunterschiede kontinuierlich ab, so dass in der vierten Klasse kein geschlechtsspezifischer Unterschied mehr festgestellt werden kann. Bei den Rechtschreibleistungen hingegen ist ab Mitte der Grundschule eine schwache, aber stabile Überlegenheit der Mädchen zu verzeichnen. Dies wird durch eine Studie von Faber (2003) untermauert, welche auf einen signifikanten, praktisch jedoch bedeutungslosen Leistungsvorsprung der Mädchen im vierten Schuljahr verweist, d.h. die geschlechtsspezifischen Leistungsunterschiede sollten von den Schülern im Unterrichtsalltag als wenig bedeutsam wahrgenommen werden.

3.3.2 Kognitive Prädiktoren

Die Intelligenz gilt als einer der wichtigsten Bedingungsfaktoren und bester Einzelprädiktor der Schulleistung (Helmke & Schrader, 2006; Helmke & Weinert, 1997a). Der enge Zusammenhang zwischen der kognitiven Leistungsfähigkeit und der schulischen Leistung wurde empirisch vielfach überprüft und ist inzwischen sehr gut abgesichert (Amelang & Bartussek, 2001; Fraser et al., 1987; Süß, 2001; Wang et al., 1993); die mittleren Korrelationen von allgemeiner Intelligenz und Schulleistung liegen zwischen $r = .50$ und $r = .60$ (Gustafsson & Undheim, 1996). In Abhängigkeit von bestimmten Merkmalen wie Alter, teilweise auch Geschlecht, Schulfach und Schultyp weisen diese Prädiktor-Kriteriumsbeziehungen aber eine große Spannbreite auf. Die engsten Zusammenhänge konnten für Grundschüler, Schülerinnen insgesamt, für die Hauptfächer Deutsch und vor allem Mathematik sowie für Schularten mit einem niedrigeren intellektuellen Anspruchsniveau gefunden werden (Heller, 1997). Ebenso können die Wahl des Schulleistungsindikators sowie die Auswahl der Prädiktoren Einfluss auf die Zusammenhangswerte nehmen (Kühn, 1983; Sauer & Gamsjäger, 1996). Zudem muss beachtet werden, dass bis zu 25% kognitive und nichtkognitive Bedingungsfaktoren konfundiert sein können (Heller, 1997).

Tabelle 2. Konkurrente Korrelationen zwischen kognitiven Variablen und Testleistungen in der SCHOLASTIK-Studie (mod. nach Helmke, 1997, S. 211)

	Mathematikleistung			**Deutschleistung**		
	2. Kl.	**3. Kl.**	**4. Kl.**	**2. Kl.**	**3. Kl.**	**4. Kl.**
Bereichspezifisches Vorwissen[b]	.55	.84	.84	.55	.69	.77
CFT[a]	.51	.47	.47	.32	.36	.33

Anmerkung: [a]Für die Korrelationen mit den Kriterien in der 2. Klasse wurde der CFT 1 verwendet (erhoben in der 1. Klasse), für die 3. und 4. Klasse der CFT 20 (erhoben in der 4. Klasse); [b]Leistungstests des Vorjahres (Zeitdifferenz: 1 Jahr)

Auch in der SCHOLASTIK-Studie erwies sich die Intelligenz neben dem bereichsspezifischen Vorwissen als der bedeutendste Einzelprädiktor, insbesondere für Leistungen in Mathematik (Helmke, 1997; s. Tab. 2). Bezüglich des fachspezifischen Vorwissens ist anzumerken, dass dieses Ergebnis häufiger berichtet wurde, jedoch kaum überraschend ist, da einerseits die interindividuellen Leistungspositionen innerhalb einer Schulklasse eine hohe Stabilität aufweisen und andererseits die von Lehrern vergebenen Schulnoten – bzw. in der SCHOLASTIK-Studie die Leistungstests des Vorjahres – oftmals gleichsam als Prädiktoren und Kriteriumsvariablen eingesetzt werden (Heller, 1997).

Bemerkenswert ist zudem die große Konstanz der ermittelten Zusammenhänge zwischen den kognitiven Variablen und den Schulleistungen von der zweiten bis zur vierten Klassenstufe. Dies verdient vor allem deswegen Beachtung, weil sich auch beim Übergang von der zweiten zur dritten Klasse trotz des in Bayern zu diesem Zeitpunkt obligatorischen Lehrerwechsels kaum Veränderungen in der Höhe der Korrelationen ergeben (Helmke, 1997).

In einer neueren Studie mit n = 1678 neunjährigen Grundschülern aus Großbritannien zeigten sich ebenfalls moderate Korrelationen zwischen der Intelligenz und der Schulleistung in Mathematik (r = .49), Englisch (r = .44) und den Naturwissenschaften (r = .44). Konträr zur SCHOLASTIK-Studie konnten in dieser Untersuchung keine deutlich höheren korrelativen Zusammenhänge für den mathematischen Leistungsbereich im Vergleich zum muttersprachlichen Leistungsbereich festgestellt werden. Zudem konnten keine Geschlechterunterschiede bei der Prädiktion schulischer Leistungen nachgewiesen werden (Spinath et al., 2006).

Als Erklärung für den engen Zusammenhang zwischen Leistungsfähigkeiten und Schulleistungen sind zwei miteinander kombinierbare Varianten denkbar (Helmke & Weinert, 1997a):

> Intelligentere sind im Vergleich zu weniger intelligenten Menschen besser in der Lage, sich auf neue Aufgaben einzustellen, effektive Problemlösungsstrategien zu entwickeln und lösungsrelevante Regeln zu erkennen.
>
> Intelligentere haben im Vergleich zu weniger intelligenten Menschen in kumulativen Lernsequenzen unter vergleichbaren Zeit- und Instruktionsbedingungen mit einer gewissen Wahrscheinlichkeit in der Vergangenheit mehr und intelligenter organisiertes (tiefer verstandenes, vernetztes, multipel repräsentiertes und flexibel nutzbares) Wissen erworben. Diese bereichsspezifischen Vorkenntnisse erleichtern die darauf aufbauenden weiteren Lernprozesse. (S. 106)

In diesem Sinne wird den kognitiven Leistungen eine doppelte Funktion für Schulleistungen und Schulleistungsdifferenzen zugesprochen. Die dargestellten Zusammenhänge verdeutlichen auch, dass die kognitive Leistungsfähigkeit nicht nur als Bedingungsfaktor schulischer Leistungen anzusehen ist, sondern dass die kognitive Entwicklung ebenso durch das schulische Lernen mitbestimmt wird (Köller & Baumert, 2002). Eine aktuelle Studie kommt jedoch zumindest für den amerikanischen Raum zu dem Schluss, dass psychometrische Intelligenztestwerte eine substantielle kausale Auswirkung auf nachfolgende Schulleistungsindikatoren haben, während dies umgekehrt nicht zutrifft (Watkins, Lei & Canivez, 2007). In einer weiteren amerikanischen Studie mit jungen Erwachsenen wurde darüber hinaus nachgewiesen, dass die allgemeine Intelligenz in der Prädiktion akademischer Leistungen spezifischen kognitiven Fähigkeiten überlegen ist (Rohde & Thompson, 2007). Vergleichbare Untersuchungen für den deutschen Sprachraum liegen nicht vor.

Es sei nur am Rande angemerkt, dass die enge Beziehung zwischen Leistungsfähigkeiten und Leistungsergebnissen auch den Ausgangspunkt für das Konzept der erwartungswidrigen Schulleistung bildet. Als Underachiever werden jene Schüler bezeichnet, die niedrigere Schulleistungen erzielen als man aufgrund ihres kognitiven Potentials erwarten würde (Butler-Por, 1995; Hanses & Rost, 1998; Sparfeldt, Schilling & Rost, 2006). Schüler, die erwartungswidrig positive Schulleistungen erbringen, werden Overachiever genannt (Metz, Marx, Weber & Schneider, 2003).

3.3.3 Motivationale Prädiktoren

Motivation ist ein im Kontext des schulischen Lernens und Leistens bedeutsames Konstrukt, welches bereits in den frühen Modellen schulischen Lernens berücksichtigt wurde (Atkinson, 1974; Bloom, 1976; Gilman & Anderman, 2006; Zimmerman & Schunk, 2008). Allgemein ausgedrückt beschreibt der Begriff der Motivation die „aktivierende Ausrichtung unserer Lebensvollzüge auf einen positiv bewerteten Zielzustand" (Rheinberg, 2004, S. 137). Die Forschung zum Konstrukt Motivation in erster Linie durch Heterogenität gekennzeichnet, sowohl hinsichtlich der Begriffsbestimmung und Operationalisierung des Begriffs als auch bezüglich der Genese (Murphy & Alexander, 2000; Schunk, 2000). Die Bedeutung einzelner motivationalen Variablen für Schulleistungen ist daher schwierig global zu beurteilen. Neben der Uneinigkeit über die Konzeptualisierung des Begriffes Motivation tragen auch die Wahl unterschiedlicher Kriteriumsvariablen, beispielsweise Schulleistungstestergebnisse vs. Schulnoten, unterschiedlich lange Zeiträume zwischen der Erfassung der motivationalen Variablen und der Schulleistung sowie der Einsatz verschiedener statistischer Methoden zur Schwierigkeit der Einschätzung des aktuellen Forschungsstandes bei (Helmke & Weinert, 1997a). Erst in neueren Studien konnten stärkere Zusammenhänge zwischen verschiedenen motivationalen Variablen und der schulischen Leistung, insbesondere in Mathematik, nachgewiesen werden (Aunola et al., 2006; Spinath et al., 2006). Es folgen Ausführungen zu ausgewählten motivationalen Bedingungsfaktoren der Schulleistung. Weitere, im Zusammenhang mit schulischen Leistungen bedeutende motivationale Konstrukte, auf die hier nicht näher eingegangen werden soll, sind zum Beispiel Prüfungsangst, besonders bei mathematischen Inhalten (Ashcraft, 2002; Cates & Rhymer, 2003; Pekrun, 1991 a, b; Sparfeldt, Schilling, Rost, Stelzl & Peipert, 2005), Selbstwirksamkeit (Bandura, 1982, 1993; Satow, 1999; Zimmerman, 2000) und Anstrengungsvermeidung (Rollett, 2006; Wagner, Spiel & Tranker, 2003). Zusammenfassend muss der Forschungsstand zu den motivationalen Prädiktoren schulischer Leistungen als noch relativ ungenügend eingestuft werden (Helmke & Weinert, 1997a). Der Erforschung verschiedener motivationaler Konstrukte und ihrer Beziehung zu Schulleistungen sollte daher zukünftig vermehrt Beachtung finden, so wie das für den Begriff des Fähigkeitsselbstkonzepts in jüngster Zeit realisiert wurde.

Fähigkeitsselbstkonzept

Der Begriff Fähigkeitsselbstkonzept bezeichnet global ausgedrückt die „Gesamtheit der kognitiven Repräsentationen eigener Fähigkeiten (...), insbesondere Einschätzungen hinsichtlich der Höhe der eigenen Fähigkeiten" (Eckert, Schilling & Stiensmeier-Pelster, 2006, S. 41). Synonym zum Begriff Fähigkeitsselbstkonzept werden im deutschen Sprachraum die Begriffe akademisches bzw. schulisches Selbstkonzept und fachspezifisches, zum Beispiel Mathematik- bzw. Deutsch-Selbstkonzept als die fach- bzw. domänenspezifische Facette des Fähigkeitsselbstkonzepts gebraucht (Dickhäuser, 2006; Helmke, 1997; Schilling, Sparfeldt & Rost, 2006). Der substantielle korrelative Zusammenhang zwischen dem Fähigkeitsselbstkonzept einer Person und ihren schulischen Leistungen ist empirisch abgesichert; ältere Untersuchungen berichten einen durchschnittlichen korrelativen Zusammenhang zwischen Leistungsmaßen und allgemeinem schulischen Selbstkonzept von $r = .21$ (Hansford & Hattie, 1982) und zwischen Leistungsindikatoren und Fähigkeitsselbstkonzepten auf fachspezifischer Ebene von $r = .57$ (Marsh, 1992a). Auch neuere Studien verweisen darauf, dass der korrelative Zusammenhang mit der Schulleistung üblicherweise umso höher ausfällt, je höher das Fähigkeitsselbstkonzept ist und je bereichsspezifischer es konzeptualisiert wird (Rost & Sparfeldt, 2002; Schilling, Sparfeldt, Rost & Nickels, 2004; Valentine, DuBois & Cooper, 2004). Diese diskriminante Validität konnte für den Grundschulbereich im deutschsprachigen Raum in der SCHOLASTIK-Studie belegt werden (Helmke, 1997; s. Tab. 3).

Tabelle 3. Konkurrente Korrelationen zwischen Fähigkeitsselbstkonzept und Testleistungen in der SCHOLASTIK-Studie (mod. nach Helmke, 1997, S. 211)

	Mathematikleistung			**Deutschleistung**		
	2. Kl.	**3. Kl.**	**4. Kl.**	**2. Kl.**	**3. Kl.**	**4. Kl.**
Allgemeines Fähigkeitsselbstkonzept	.43	.36	.48	.24	.24	.38
Fähigkeitsselbstkonzept Mathematik	.39	.45	.50	.15	.13	.20
Fähigkeitsselbstkonzept Deutsch	.11	.29	.34	.30	.46	.48

Die Ergebnisse der bereits beschriebenen Studie von Spinath et al. (2006) aus dem englischsprachigen Raum bestätigen diese Resultate: Der korrelative Zusammenhang zwischen dem mathematischen Fähigkeitsselbstkonzept und der Schulleistung in Mathematik beträgt $r = .40$, mit der Schulleistung in Englisch $r = .22$. Die Korrelation zwischen dem sprachlichen Fähigkeitsselbstkonzept und der Schulleistung in Englisch liegt bei $r = .39$, mit der mathematischen Schulleistung beträgt der korrelative Zusammenhang $r = .28$.

Der Zusammenhang zwischen mathematischem Fähigkeitsselbstkonzept und Mathematikleistung im Verlauf der ersten Grundschulklasse wurde in der KILIA-Studie analysiert: Zu Beginn der ersten Klasse betrug die Korrelation Selbstkonzept-Mathematikleistung $r = .19$, am Ende dieser Klassenstufe $r = .36$ (Kammermeyer & Martschinke, 2003). Dies bestätigt zusammen mit den Ergebnissen der SCHOLASTIK-Studie, dass der Zusammenhang zwischen dem bereichsspezifischen Fähigkeitsselbstkonzept und der entsprechenden Schulleistung im Laufe der Grundschulzeit immer enger wird.

Lernmotivation

Auch das Konstrukt der Lernmotivation wird in jüngerer Zeit verstärkt diskutiert und erforscht (Dietz, 2006; Fries, 2006; Hofer, 2004; Krapp, 2004; Schiefele & Wild, 2000; Upmeier zu Belzen, Vogt, Wieder & Christen, 2002). Der Begriff der Lernmotivation umfasst verschiedene Formen mit jeweils spezifischen Inhalten und Zielen, die in Tabelle 4 aufgeführt werden.

Tabelle 4. Art der Lernmotivation (Wild, Hofer & Pekrun, 2006, S. 213)

Art der Lernmotivation	**Charakterisierung**
Leistungsmotivation	Selbstbewertung eigener Tüchtigkeit in Auseinandersetzung mit einem akzeptierten Gütemaßstab: Anspruchsniveau; präferierte Ursachenzuschreibungen und Affekte, die mit den Handlungsergebnissen verbunden sind.
Lernzielorientierung	Wunsch nach Steigerung eigener Fähigkeiten, nach Erweiterung des eigenen Wissens.
Leistungszielorientierung	Wunsch, gute Leistungen zu demonstrieren oder schlechte zu verbergen.
Interesse	Die Beziehung einer Person zu einem Gegenstand, die als emotional positiv und selbstinitiiert erlebt wird. Das Interesse hat vorübergehend oder dauerhaft eine hohe subjektive Bedeutung und ist somit Bestandteil des Selbstkonzepts.
Flow-Erleben	Das gänzliche Aufgehen in einer glatt laufenden Tätigkeit.
Intrinsische versus extrinsische Motivation	Lernen zum „Selbstzweck", Lernen aus Spaß an der Sache vs. Lernen, das der Maximierung positiver Ergebnisse und des persönlichen Nutzens dient.
Selbstbestimmung	Intrinsische Motivation entsteht, wenn grundlegende Bedürfnisse nach dem Erleben von Autonomie, Kompetenz und sozialer Eingebundenheit befriedigt werden.
Persönliche Ziele	Allgemeine und konkrete Ziele, die Menschen in ihrem Leben verfolgen. Für das Wohlbefinden ist wichtig, dass Ziele mit Motiven kongruent sind.
Multiple Zielstrukturen	Die Absicht, mehrere unvereinbare Ziele gleichzeitig zu verfolgen, kann die Wahl der Lernhandlung behindern und ihre Ausführung stören.
Volition	Die willentliche Planung, Durchführung und Kontrolle von intendierten Handlungen.

Erwartungsgemäß bestehen zwischen diesen Konstrukten und der schulischen Leistung positive Beziehungen. Der korrelative Zusammenhang von intrinsischer Lernmotivation und Schulnoten beispielsweise liegt im Durchschnitt bei $r = .21$. In Bezug auf die Anwendung von Lernstrategien konnte nachgewiesen werden, dass intrinsische Lernmotivation zu $r = .46$ mit bedeutungsvollen Lernstrategien korreliert, zum Beispiel Verarbeitungs- und Selbstregulationsstrategien, während der korrelative Zusammenhang zwischen extrinsischer Motivation und oberflächlichen Lernstrategien $r = .39$ beträgt (Walker, Greene & Mansell, 2006). Dies unterstreicht das Ergebnis einer früheren Studie (Schiefele & Schreyer, 1994).

In neuerer Zeit wurde insbesondere den volitionalen Prädiktoren schulischer Leistungen vermehrtes wissenschaftliches Interesse geschenkt (Baumann & Kuhl, 2003; Bruder, Perels & Schmitz, 2004; Hasselhorn, Goldammer & Weber, 2008; Labuhn, Bögeholz & Hasselhorn, 2008 a, b; Otto, Perels & Schmitz, 2008; Schiefele & Urhahne, 2000; Schmitz, 2003; Trautwein & Köller, 2003). Unter dem Begriff der volitionalen Bedingungsfaktoren werden metakognitive Kompetenzen, Lernstrategien und Lernstile, Lerngewohnheiten, Arbeitshaltungen und -techniken sowie Handlungskontrolle zusammengefasst (Helmke & Schrader, 2006; Helmke & Weinert, 1997a).

Zum Zusammenhang mit Lernleistungen existieren allerdings bislang nur wenige Forschungsarbeiten; diese verweisen auf inkonsistente, zumeist aber schwache Zusammenhänge (Helmke & Mückusch, 1994; Schiefele, Streblow, Ermgassen & Moschner, 2003). In der Metaanalyse von Wang et al. (1993) beispielsweise wird Metakognition im Expertenrating an erster Stelle, in der Inhaltsanalyse an zweiter Stelle und in der Metaanalyse an vierter Stelle aufgeführt. Die insgesamt uneinheitliche Befundlage ergibt sich vermutlich dadurch, dass volitionale Variablen eher für das selbstgesteuerte Lernen bedeutsam sind. In schulischen Lernprozessen im Rahmen des Unterrichts wird das Lernen jedoch überwiegend vom Lehrer vorstrukturiert und kontrolliert. Zudem muss bei der Betrachtung der Beziehung zwischen volitionalen Bedingungsfaktoren und schulischen Leistungen davon ausgegangen werden, dass dieses Zusammenspiel durch Komplexität, Wechselwirkungen und Kompensationsmöglichkeiten geprägt ist (Helmke & Schrader, 2006). Ein Sequenzmodell der Lern- und Leistungshandlung auf der Grundlage des Zusammenspiels von kognitiven, motivationalen und volitionalen Variablen kann Helmke (1992) entnommen werden.

3.3.4 Zusammenwirken verschiedener individueller Prädiktoren

Die vorangegangenen Ausführungen veranschaulichen, dass die einzelnen Prädiktoren der Schulleistung sich nicht nur auf teilweise schwierig voneinander abzugrenzenden Konzeptualisierungen begründen, sondern dass ihr Verhältnis zueinander ebenso durch komplexe Wirkungsmechanismen geprägt ist. So kann im Sinne der *Kopplung* ein bestimmtes Leistungsergebnis voraussetzen, dass mehrere Variablen in einer gewissen Mindestausprägung zeitgleich vorliegen. Im Sinne der *Kompensation* hingegen kann ein Ergebnis auch durch verschiedene hinreichende Bedingungsvariablen entstehen. Für Lernleistungen im durchschnittlichen Bereich beispielsweise kann eine niedrigere kognitive Lernvoraussetzung – über einem kritischen Stellenwert – durch gesteigerte Anstrengungsbereitschaft kompensiert werden; schulische Höchstleistungen können nur durch intellektuelle Mindestausprägungen und vermehrte Anstrengung erzielt werden.

Trotz der dominierenden Bedeutung kognitiver Leistungsfähigkeiten verweisen Kommunalitätsanalysen auf einen substantiellen Anteil der Schulleistungsvarianz, der nur durch kognitive und motivationale Bedingungsfaktoren gemeinsam aufgeklärt werden kann. In der SCHOLASTIK-Studie betrug dieser Anteil der Gesamtvarianz schulischer Leistungen 25% bis 30%, in der Studie von Spinath et al. (2006) konnten in Englisch 22% und in Mathematik 24% der Gesamtvarianz nur gemeinsam durch die Prädiktorvariablen Intelligenz und Fähigkeitsselbstkonzept aufgeklärt werden. Helmke (1997, S. 216) interpretiert diese Kommunalität, die aus statistischer Perspektive die unauflösliche Korreliertheit der kognitiven und motivationalen Prädiktoren abbildet, als ein Ergebnis der vielfältigen „transaktionalen und reziproken Prozesse in der bisherigen Lebensgeschichte" eines Individuums.

3.4 Familiäre Prädiktoren der Schulleistung

Zu den familiären Prädiktoren schulischer Leistungen liegen unübersichtlich vielfältige Forschungsbefunde vor, die den verschiedensten Forschungsgebieten wie Sozialisationsforschung, Familiensoziologie, Entwicklungspsychologie und Verhaltensgenetik entstammen. Die Uneinheitlichkeit der Begriffe und der eingesetzten methodischen Verfahren ist vor diesen unterschiedlichen theoretischen Hintergründen nicht verwunderlich (Helmke & Weinert, 1997a). Im Folgenden werden ausgewählte Forschungsergebnisse vorgestellt.

3.4.1 Genetische Bedingungsfaktoren

Genetische Einflüsse werden auf zweierlei Weise wirksam: Zum Einen durch die Weitergabe der elterlichen Gene an die Kinder und zum Anderen durch das Vorliegen unterschiedlicher Arten der Kovariation und Interaktion zwischen Genotyp und Umwelt (Asendorf, 1994). Durch das konfundierte Auftreten genetischer Einflüsse und Einflussfaktoren der Umwelt kann der spezifische Beitrag dieser beiden Variablen einzeln betrachtet bei der Aufklärung der Schulleistungsvarianz kaum bestimmt werden (Helmke & Schrader, 2006). In verhaltensgenetischen Studien wurde belegt, dass unterschiedliche genetische Bedingungen beträchtliche interindividuelle Unterschiede bezüglich kognitiver und affektiver Bedingungsfaktoren der schulischen Leistung bewirken. Die intellektuelle Varianz beispielsweise kann zwischen 35-60% durch Vererbung erklärt werden (Klauer, 2006a). In neueren Studien wird der Schwerpunkt immer mehr auf die Analyse des dynamischen Zusammenspiels von Genotyp und Umwelt gelegt. Diese Verbindung von verhaltensgenetischen und soziologischen Fragestellungen stellt eine zukünftig interessante Forschungsperspektive dar. Der aktuelle Forschungsstand weist darauf hin, dass das Zusammenwirken von Anlage und Umwelt vorwiegend durch drei Mechanismen bestimmt wird:

- passive Effekte, d.h. „die biologischen Eltern stellen dem Kind eine mit dem Genotyp ihres Kindes „verwandte" Umwelt zur Verfügung",

- evokative Effekte, d.h. „andere reagieren auf das Kind in einer Weise, die dessen Genotyp entspricht",
- aktive Effekte, d.h. die „Kinder präferieren, interpretieren und verändern ihre Umwelt in einer Weise, die mit ihrem Genotyp korrespondiert" (Helmke & Weinert, 1997a, S. 119).

3.4.2 Sozioökonomische Variablen

Die Untersuchung von sozioökonomischen Variablen bildet den Schwerpunkt der familiensoziologisch geprägten Sozialisationsforschung (Helmke & Weinert, 1997a). Statusvariablen können aber nur mittelbar interindividuelle Unterschiede in den schulischen Leistungen erklären, da sie im Sinne Bronfenbrenners als distale Bedingungsfaktoren eine beträchtliche Distanz zu schulischen Leistungen aufweisen. Beispielsweise sind verschiedene Indikatoren des sozioökonomischen Status' einer Familie mit bestimmten Erziehungsstilen und Erwartungen verbunden, die wiederum auf die schulische Leistung Einfluss nehmen (Davies-Kean, 2005; DeGarmo, Forgatch & Martinez, 1999). In Bezug auf die häusliche Leseumgebung konnte festgestellt werden, dass Familien mit einem hohen sozioökonomischem Status eine reichere Leseumgebung aufwiesen und die Mütter in diesen Familien eine vielfältigere Auseinandersetzung mit dem Text zeigten, zum Beispiel durch die Anregung zu Diskussionen hinsichtlich des Schriftsystems und des Inhalts des Textes. Sowohl die reichere Leseumgebung als auch die mütterliche Mediation wirkte sich förderlich auf die beginnende Lese- und Schreibfähigkeit des Kindes aus. In Familien mit einem niedrigen sozioökonomischen Status konnte dieser Zusammenhang nicht nachgewiesen werden (Korat, Klein & Segal-Drori, 2007).

Der direkte Zusammenhang zwischen sozioökonomischem Status und schulischer Leistung wurde in einer aktuellen Studie von Colom und Flores-Mendoza (2007) untersucht: Die für drei Teilstichproben berechneten korrelativen Zusammenhänge zwischen elterlichem Einkommen und Schulleistung (r = .15, r = .25, r = .02) und zwischen elterlicher schulischer Bildung und schulischer Leistung des Kindes (r = .11, r = .23, r = .01) fielen bei gleichzeitiger Berücksichtigung der Intelligenz des Kindes auf r = .04, r = .10 und r = .01 für das elterliche Einkommen und auf r = -.04, r = .11 und r = -.07 für die elterliche schulische Bildung. Die Zusammenhänge zwischen den in dieser Studie eingesetzten Indikatoren des sozioökonomischen Status' einer Familie und der schulischen Leistung eines Kindes sind dementsprechend als gering zu bezeichnen. Der korrelative Zusammenhang zwischen schulischer Bildung der Eltern und kindlicher Intelligenz als dem besten Einzelprädiktor schulischer Leistungen wurde bereits in früheren Studien untersucht: Im Grundschulalter erwies sich die schulische Bildung der Mutter als der bessere Prädiktor für die intellektuellen Fähigkeiten des Kindes, in der Sekundarstufe hingegen zeigte sich kein Unterschied zwischen der schulischen Bildung des Vaters und der schulischen Bildung der Mutter (Mercy & Steelman, 1982; Scarr & Weinberg, 1978).

Trotz der kausalen Distanz der Statusvariablen zu schulischen Leistungen ist die außerordentliche bildungspolitische Bedeutung nicht zu unterschätzen, die auf der Grundlage internationaler Schulleistungsstudien (s. Kasten 4) vor allem der sozialen und sprachlichen

Herkunft eines Schülers zugesprochen wird. In PISA 2000, PISA 2003 und IGLU wurden nicht zu vernachlässigende Zusammenhänge zwischen der sozialen Herkunft und der schulischen Leistung aufgedeckt. Die Bundesrepublik Deutschland gehört zu jenen Ländern, in denen dieser Zusammenhang am höchsten ausfällt. Der in den beiden PISA-Studien und in der IGLU-Studie eingesetzte Sozialschicht-Indikator berücksichtigt sowohl das Ansehen eines Berufs als auch die vermuteten Einkommensverhältnisse. In der ersten PISA-Studie ergibt sich für die mittlere Leseleistung bei einem Vergleich der obersten und untersten Sozialschichtkategorie die Differenz von einer Standardabweichung. In der IGLU-Studie zeigt sich für den gleichen Vergleich eine Differenz von einer halben Standardabweichung, welche einen Leistungsunterschied von einem Schuljahr abbildet. Diese Befunde verdeutlichen einerseits die große Leistungsheterogenität, mit denen sich Lehrer schon in der vierten Klasse konfrontiert sehen. Gleichzeitig zeigen sie aber auch, dass die Zusammenhänge zwischen den am Ende der Grundschulzeit erbrachten Leistungen und den sozialen Lebensumständen zu diesem Zeitpunkt noch wesentlich geringer ausfallen als dies für die Sekundarstufe zutrifft (Schwippert, Bos & Lankes, 2003). Bei der Interpretation der Ergebnisse muss jedoch beachtet werden, dass die diskutierten Studien als Querschnittuntersuchungen angelegt und kausale Aussagen damit nicht zulässig sind (Helmke & Schrader, 2006). Die beobachteten zunehmenden mittleren Leistungsdifferenzen, die in ähnlicher Weise auch für die Mathematik und die Naturwissenschaften bezeugt wurden (OECD, 2004), sind dennoch besorgniserregend und verdienen verstärkter Forschungsbemühungen.

3.4.3 Merkmale des Elternverhaltens

Die Prozessmerkmale des Elternverhaltens wurden vielfach untersucht; bei der Beurteilung des gegenwärtigen Forschungsstandes müssen jedoch drei Problematiken berücksichtigt werden: Erstens ist die Mehrzahl der vorliegenden Forschungsarbeiten als Querschnittuntersuchung konzipiert, wodurch streng genommen kausale Aussagen bezüglich gerichteter Zusammenhänge nicht vorgenommen werden dürfen. Die zweite Problematik ergibt sich daraus, dass in den meisten Studien aus der Vielzahl möglicher Prozessmerkmale im häuslichen Lernumfeld nur einzelne Merkmalsgruppen bzw. einzelne Wirkfaktoren isoliert betrachtet wurden. Dadurch entsteht aber die Gefahr der Fehleinschätzung von Effektgrößen. Ein drittes Problem stellt die Konfundierung von genetischen Faktoren und Umwelteinflüssen dar (Helmke, Schrader & Hosenfeld, 2004; Helmke, Schrader & Lehneis-Klepper, 1991). Angesichts dieser möglichen Fehlerquellen bei der Einschätzung des Elternverhaltens im Hinblick auf die Schulleistungen ihrer Kinder stellt der uneinheitliche internationale Forschungsstand keine Überraschung dar (Helmke et al., 2004). Zudem scheint die gewählte Perspektive bedeutsam zu sein: In der „Chicago Longitudinal Study“, einer umfassenden Längsschnittstudie zur Bewertung des Zusammenhangs zwischen elterlichem Lern- und Schulengagement im Grundschulalter und dem Schulerfolg in der High School, konnten auf der Basis der Elternangaben keine Effekte festgestellt werden, während die Lehrerangaben signifikant mit allen Variablen des späteren Schulerfolgs korrelierten (Barnard, 2004). Darüber hinaus gibt es Hinweise auf kulturspezifische Zusammenhänge zwischen Merkmalen des elterlichen Verhaltens und den

Schulleistungen ihrer Kinder (Mau, 1997). Helmke und Weinert (1997a) differenzieren auf der Grundlage der bestehenden Forschungsergebnisse und theoretischen Ansätze zwischen vier Funktionen des elterlichen Verhaltens: Stimulation, Instruktion, Motivation und Imitation. Die Funktionsbereiche der Instruktion und der Motivation werden im Folgenden näher betrachtet.

Kasten 4. Überblick über internationale Schulleistungsstudien

IGLU und IGLU-E

Die Internationale Grundschul-Lese-Untersuchung (IGLU) wird weltweit unter dem Namen Progress in International Reading Literacy Study (PIRLS) von der International Association for the Evaluation of Educational Achievement (IEA) organisiert. Sie wird im Abstand von jeweils fünf Jahren durchgeführt. Überprüft werden die Fähigkeiten im Leseverständnis von Kindern am Ende der vierten Jahrgangsstufe. In der Bundesrepublik Deutschland wurde die Studie 2001 durch Testaufgaben zu Mathematik, Orthographie, Aufsatz und Naturwissenschaften erweitert (IGLU-E). IGLU wurde in den Jahren 2001 und 2006 durchgeführt; zu beiden Zeitpunkten nahmen Grundschülerinnen und Grundschüler aus 35 Staaten daran teil (Bos et al., 2007; Bos, Lankes, Prenzel, Schwippert, Valtin & Walther, 2005; Bos, Lankes, Prenzel, Schwippert, Walther & Valtin, 2003; Hornberg, Bos, Buddeberg, Potthoff & Stubbe, 2007; Lankes, Bos, Mohr, Plaßmeier, Schwippert, Sibberns & Voss, 2003).

PISA

PISA ist die Abkürzung für „Programme for International Student Assessment“ – ein Programm, das von der Organisation für wirtschaftliche Zusammenarbeit und Entwicklung (OECD) durchgeführt wird und der zyklischen Erfassung grundlegender Kompetenzen der nachfolgenden Generation dient. Als Teil des Indikatorenprogramms der OECD zielt PISA darauf ab, Informationen zur Ressourcenausstattung, individuellen Nutzung und Funktions- und Leistungsfähigkeit der Bildungssysteme zu erheben, um diese Vergleichsdaten den OECD-Mitgliedstaaten bereitzustellen. PISA ist als eine international standardisierte Leistungsmessung konzipiert, die in einem Dreijahresrhythmus durchgeführt wird. Als Indikatoren werden in PISA die drei Grundbildungsbereiche Lesekompetenz, mathematische Grundbildung, naturwissenschaftliche Grundbildung sowie fächerübergreifende Kompetenzen erfasst. Im Rahmen eines dreistufigen Erhebungszyklusses steht in jedem Jahr ein bestimmter Indikator im Mittelpunkt: Im Jahr 2000 die Lesekompetenz, in 2003 die mathematische Grundbildung und in 2006 die naturwissenschaftliche Grundbildung. Damit ist der erste Erhebungszyklus abgeschlossen; im Jahr 2009 wird wieder die Lesekompetenz den Schwerpunkt darstellen. Die Zielpopulation stellen 15-jährige Schülerinnen und Schüler dar. An PISA 2000 nahmen 32 Länder teil, an PISA 2003 41 Länder und an PISA 2006 57 Länder (Artelt, Baumert, Klieme, Neubrand, Prenzel, Schiefele, Schneider, Schümer, Stanat, Tillmann & Weiß, 2001; Baumert & Artelt, 2003; OECD, 2004, 2007).

Mit dem Begriff der Instruktion werden alle Interventionen der Eltern bezeichnet, die durch unterschiedliche Methoden wie Korrektur und Training die Förderung der kognitiven Entwicklung und der schulischen Leistungen zum Ziel haben (Helmke & Weinert, 1997a). Werden auf diese Weise Unterrichtsaufgaben von den Eltern übernommen, so können sie, mit dem Schulunterricht in Bezug gesetzt, kooperativen, kompensatorischen oder konkurrierenden Charakter besitzen. Eine Studie zum Einfluss der elterlichen Lernunterstützung bei Fünft- und Sechstklässlern belegte den vorwiegend kompensatorischen Charakter der verschiedenen Maßnahmen der Eltern: Die elterliche Unterstützung setzte hauptsächlich als Reaktion auf Leistungsschwächen ein. Dabei sind drei Aspekte hervorzuheben: Zum Einen zeigten sich geschlechtsspezifische Effekte in dem Sinne, dass die elterliche Unterstützung eher positive Auswirkungen für Mädchen und eher negative für Jungen hat. Zweitens wurden die Eltern unabhängig vom Motivationsgrad ihrer Kinder aktiv, was letztlich ein Risikofaktor für die Entwicklung der selbstbestimmten Formen der Lernmotivation darstellt (Exeler & Wild, 2003). Und drittens griffen die Eltern nicht nur bei leistungsschwachen Schülern auf die verschiedenen untersuchten Maßnahmen wie beispielsweise Hausaufgabenkontrolle zurück, sondern ebenso bei leistungsstarken Schülern (Helmke et al., 2004). In einer anderen Studie wurde die positive Wirkung der prozessorientierten Formen der Hausaufgabenunterstützung belegt, zum Beispiel die Vermittlung von Lernstrategien (Helmke et al., 1991). Vor allem drei Gründe sind für das elterliche Engagement ausschlaggebend: Eltern betrachten ihre Unterstützung als Teil ihrer Erziehungsverantwortung; sie glauben, dass ihre Aktivitäten eine positive Auswirkung auf die schulischen Leistungen ihrer Kinder haben werden; und sie glauben, dass ihre Kinder oder die Lehrer ihrer Kinder ihre Unterstützung erwarten (Hoover-Dempsey, Battiato, Walker, Reed, DeJong & Jones, 2001). Basierend auf dem aktuellen Forschungsstand kann man zusammenfassend festhalten, dass die Wirkung der elterlichen Instruktionsmaßnahmen von mehreren Bedingungen abhängig ist: Die elterliche Lernunterstützung sollte den kognitiven und motivationalen Lernvoraussetzungen ihres Kindes entsprechen, sie sollte prozessorientiert ausgerichtet sein, fachlich kompetent und möglichst wenig direktiv erfolgen und im Rahmen eines allgemein positiven Familienklimas gegeben werden (Helmke & Schrader, 2006).

Eltern können darüber hinaus indirekten Einfluss auf die Schulleistung nehmen, indem sie die motivationalen und emotionalen Lernvoraussetzungen ihres Kindes beeinflussen und somit mittelbar auch auf die schulischen Leistungen einwirken (Helmke & Weinert, 1997a). Dies wurde besonders für die schulischen Erwartungen der Eltern mehrfach bestätigt (Fan & Chen, 2001). Beispielsweise wird den elterlichen schulischen Erwartungen bei schulischen Übergängen eine Schlüsselfunktion zugesprochen (Stöckli, 1992). Ebenso sind die elterlichen Erwartungen für die Herausbildung interindividueller Unterschiede in der Leistungsentwicklung bedeutsam. Leistungsförderliches Elternverhalten zeichnet sich demnach durch eine hohe Leistungserwartung, einer Neigung zur Überschätzung der Leistungsfähigkeiten ihrer Kinder, einem intensiveren emotionalen Engagement und dem Einsatz verschiedener Sanktionsmaßnahmen bei erwartungswidrig schlechten Schulleistungen aus (Helmke et al., 1991). Auch der Einfluss verschiedener Formen elterlichen Schulengagements auf die Lernmotivation von Schülern wurde belegt: Bei der Prädiktion der intrinsischen Lernmotivation erweisen sich – bei gleichzeitiger Berücksichtigung sämtlicher Hintergrundvariablen und Prädiktoren im Rahmen einer

Regressionsanalyse – die elterliche emotionale Zuwendung (β = .19) und die instruktionale Unterstützung der Eltern (β = .20) als beachtenswert; für die extrinsische Lernmotivation ist die kontrollierende Haltung der Eltern im Umgang mit schulischen Belangen (β = .19) prognostisch bedeutsam (Wild, 2001).

Die zukünftige Forschung sollte die Erkenntnisse des momentanen Forschungsstands durch eine verstärkte Beachtung der Reziprozität der Eltern-Kind-Beziehung, vorwiegend im Rahmen von Längsschnittuntersuchungen, erweitern. Zudem sollte zum Beispiel vermehrt die intrafamiliäre Varianz durch adäquate differentielle Studiendesigns berücksichtigt werden (Helmke & Weinert, 1997a). Ebenso müssen zukünftig – insbesondere vor dem Hintergrund der Neuregelung des Elterngeldes seit dem 01. Januar 2007 – die Väter in größerem Maße als bisher bedacht werden.

3.5 Prädiktoren der schulischen Lernumwelt

Im Rahmen der Erforschung der Prädiktoren schulischer Leistung wurden auch verschiedene Variablen des Schul-, Klassen- und Unterrichtskontextes beleuchtet. Als bildungspolitisch und pädagogisch brisant haben sich in diesem Zusammenhang vor allem die Fragen nach der Klassengröße und der Unterrichtsqualität erwiesen (Einsiedler, 1997; Helmke, 2002; Wilberg & Rost, 1999). Helmke (2007) hat ein Angebots-Nutzungs-Modell der Wirkungsweise des Unterrichts vorgelegt, welches das Zusammenspiel der einzelnen Ebenen des schulischen Lernumfelds veranschaulicht und somit eine Hilfe zur Einordnung einzelner Variablen bietet.

Im Folgenden werden zunächst Forschungsergebnisse zu den Variablen des Schul- und Klassenkontextes vorgestellt. Zu diesen zählen sowohl Merkmale der Klassenzusammensetzung als auch der Einfluss des sog. Klimas, d.h. den Merkmalen des Verhältnisses der Schüler untereinander sowie des Verhältnisses der Schüler und der Lehrer zueinander. Im darauf folgenden Abschnitt schließen sich Befunde zu den Variablen des Unterrichts, vornehmlich der Unterrichtsqualität, und der Lehrerpersönlichkeit an.

3.5.1 Variablen des Schul- und Klassenkontextes

Im Hinblick auf die Variablen des Schul- und Klassenkontextes als Prädiktoren der Schulleistung ist insbesondere die Frage nach der Klassengröße von Interesse. Die landläufige Ansicht, dass kleinere Klassen zu besseren Schulleistungen führen würden, konnte für die Sekundarstufe empirisch nicht (Wilberg & Rost, 1999) und für das Grundschulalter nur bedingt unterstützt werden (Blatchford, Bassett, Goldstein & Martin, 2003): Vor allem im ersten Schuljahr wurde die Entwicklung des schriftsprachlichen und mathematischen Erwerbs durch eine kleine Klassengröße begünstigt, wobei im Bereich des Schriftspracherwerbs insbesondere Schüler mit schlechteren schulischen Eingangsvoraussetzungen von der kleinen Klassengröße profitierten. Diese positiven Effekte lassen sich für den schriftsprachlichen Bereich auch noch gegen Ende des zweiten Schuljahrs nachweisen, nicht jedoch für den mathematischen Bereich.

Neben der Anzahl der Schüler einer Klasse wird zunehmend die Frage nach der Zusammensetzung der Schülerschaft einer Schulklasse in den Mittelpunkt gestellt. Hier zeigte sich zum Beispiel für das Aufmerksamkeitsverhalten von Grundschülern, dass dieses umso geringer ausfällt, je höher der Anteil von Schülern mit Deutsch als Fremdsprache in einer Schulklasse ist (Helmke & Renkl, 1993). In der Hannoverschen Grundschulstudie traten auf Schulebene schon ab der Mitte der Grundschulzeit in sprachsaturierten Bereichen Leistungsunterschiede zwischen Klassen aus Schulen mit hoher und niedriger Migrationsquote auf, die mehr als einem Schuljahr entsprachen (Tiedemann & Billmann-Mahecha, 2004). Dieser Zusammenhang zwischen Migrationshintergrund und Schulleistung wurde ebenfalls in der IGLU-Studie nachgewiesen (Schwippert et al., 2003). Aber nicht nur der Anteil von Schülern mit nicht-deutschsprachigem Hintergrund in einer Klasse kann sich auf die Lernleistungen auswirken, auch das individuell von Schülern wahrgenommene soziale Klima innerhalb einer Klasse beeinflusst indirekt im Sinne eines Mediators die schulischen Leistungen: Ein Mangel an Akzeptanz durch die Mitschüler in der vierten Jahrgangsstufe sagt ein niedrigeres schulisches Selbstkonzept sowie vermehrte internalisierende Symptome im fünften Schuljahr voraus, die wiederum schlechtere schulische Leistungen im sechsten Schuljahr vorhersagen (Flook, Repetti & Ullman, 2005). Direkte Zusammenhänge zwischen Klima und Leistung fallen zwar durchwegs positiv, aber überwiegend schwach aus. Zudem verweist Eder (2002) darauf, dass die Effekte des Klimas im deutschsprachigen Raum nur schwierig zu beurteilen sind: In den meisten Studien wurden als Kriteriumsvariable Noten eingesetzt, welche in einem positiven Klassenklima aber durchaus mit dem Makel behaftet sein können, dass auch ohne adäquate schulische Leistungen bessere Noten vergeben werden. Im Hinblick auf die Unterrichtsqualität ist abschließend anzumerken, dass diese durch die Rahmenbedingungen des Klassenkontextes keineswegs determiniert sein muss, obgleich diese Variablen die Bedingungen des Unterrichtens erschweren oder erleichtern können (Helmke, 2002).

3.5.2 Variablen des Unterrichts

Im Rahmen der Variablen des Unterrichts wird vor allem der Begriff der Unterrichtsqualität kontrovers diskutiert (Ditton, 2002; Einsiedler, 2002; Müller, 2005a; Roßbach, 2002). In einer Studie zur Untersuchung der Unterrichtsqualität in zweiten Grundschulklassen unterscheidet Roßbach (2002) zwischen folgenden Dimensionen der Unterrichtsqualität: Klassenmanagement, Schülerorientiertes sozial-emotionales Klima, Direktes Unterrichten, Anwendungsbezug und Unterstützung bei Stillarbeit. In Bezug auf die Schulleistungen konnten einzig für die Dimension Anwendungsbezug niedrige Effekte nachgewiesen werden. Hierzu widersprüchlich präsentieren sich die Ergebnisse der SCHOLASTK-Studie. Für die Leistungszuwächse in Mathematik wurden substantielle Korrelationen für die Unterrichtsmerkmale Klassenführung (r = .36), Strukturiertheit (r = .28), Individuelle fachliche Unterstützung (r = .32), Variabilität der Unterrichtsformen (r = .28), Klarheit (r = .34) und Motivierungsqualität (r = .35) aufgezeigt. Im Bereich der Leistungszuwächse im Rechtschreiben erwies sich nur die Motivierungsqualität (r = .27) als bedeutsam (Helmke & Weinert, 1997c). Eine mögliche Erklärung für die schwächeren Zusammenhänge zwischen Merkmalen des Unterrichts und der Rechtschreibleistung sehen Souvignier und Mokhlesgerami (2005) in der größeren Bedeutung des außerschulischen Lernens für den Bereich des Lesens und Schreibens. Im Vergleich der beiden Studien fällt zudem die unterschiedliche Gewichtung der einzelnen Dimensionen der Unterrichtsqualität auf, welche im unterschiedlichen Alter der untersuchten Schüler begründet sein könnte (Roßbach, 2002). Für das erste Schuljahr wird in neueren Studien verstärkt die Bedeutung der sozial-emotionalen Unterstützung durch den Lehrer betont, insbesondere für Kinder, die aufgrund ihrer demographischen und sozial-emotionalen Voraussetzungen als Risikokinder eingeschätzt werden (Hamre & Pianta, 2005; Perry, Donohue & Weinstein, 2007).

In einer Studie von Souvignier und Mokhlesgerami (2005) zum Einfluss der Lehrermerkmale bei der Implementation eines Programms zur Vermittlung von Lesestrategien im Deutschunterricht der fünften Jahrgangsstufe wurde der Lernerfolg der Schüler ebenfalls vorwiegend durch die Motivierungsqualität des Unterrichts bestimmt. In einer Längsschnittstudie zur Überprüfung pädagogischer Orientierungen bezüglich des Unterrichtens in Mathematik im Grundschulalter von Staub und Stern (2002) war vor allem eine kognitiv-konstruktivistische Orientierung des Lehrers mit den größten Leistungszuwächsen verbunden. Ebenso konnte für das Grundschulalter die Qualität der Lehrer-Schüler-Beziehung als wichtige Variable identifiziert werden (Hughes, Luo, Kwok & Loyd, 2008). Eine Längsschnittstudie zu Lehr- und Lernprozessen im orthographischen Bereich in den ersten beiden Grundschuljahren verwies darüber hinaus auf die differentielle Wirksamkeit verschiedener Formen der Unterrichtskonzeption (Hanke & Schwippert, 2005).

Zusammenfassend kann man festhalten, dass die Variablen des Klassenkontextes und des Unterrichts zwar einen wichtigen Beitrag zur Varianzaufklärung der Schulleistung leisten, ihre Effektgrößen aber durchwegs deutlich geringer ausfallen als diejenigen der individuellen kognitiven Lernvoraussetzungen. Die zukünftige Forschung sollte außerdem verstärkt die Wechselwirkungen zwischen den Variablen der schulischen Lernumwelt und den Lernvoraussetzungen des einzelnen Schülers in den Mittelpunkt der Betrachtungen stellen. Darüber hinaus sollten zum Beispiel der systemische Charakter des Unterrichts und die Kontextspezifität der Zusammenhangsmuster zwischen individuellen Lernvoraussetzungen und schulischer Lernumwelt Berücksichtigung finden (Helmke & Schrader, 2006).

4 Darstellung ausgewählter individueller Prädiktoren

4.1 Intelligenz

4.1.1 Das Konstrukt Intelligenz

Das Konstrukt der Intelligenz bildet seit mehr als 100 Jahren den Gegenstand wissenschaftlicher Diskussionen und Forschungsbemühungen. Intelligenz gilt heutzutage als ein bedeutendes und das am besten erforschte Persönlichkeitsmerkmal; dennoch konnte bislang keine allgemein gültige Definition formuliert werden (Amelang & Bartussek, 2001; Daseking, Janke & Petermann, 2006; Davidson & Downing, 2000; Klauer, 2006b). Dies liegt mitunter darin begründet, dass Intelligenz aus verschiedenen wissenschaftlichen Perspektiven heraus untersucht wird. Die Differentielle Psychologie beispielsweise befasst sich vornehmlich mit den interindividuellen Intelligenzunterschieden, die Entwicklungspsychologie hingegen interessiert sich vor allem für die Intelligenzentwicklung im Kindes- und Jugendalter und die Stabilität der Intelligenz im Verlauf des Lebens (Holling et al., 2004).

Eine der bekanntesten Definitionen von Intelligenz wurde vor mehr als einem Jahrhundert von Binet und Simon (1905, S. 197; zit. nach Holling et al., 2004, S. 13) vorgelegt: Intelligenz ist die Fähigkeit, „gut urteilen, gut verstehen und gut handeln“ zu können. Etwas ausführlicher beschreibt Wechsler (1974, S. 32) Intelligenz als „the aggregate or global capacity of the individual to act purposefully, to think rationally and to deal effectively with his environment“. Neuere Begriffsbestimmungen wurden zum Beispiel von Sternberg (2005) und Gardner (1999) formuliert. Beide Begriffserläuterungen weiten das Konstrukt Intelligenz über die rein akademische Intelligenz, die mit den konventionellen, psychometrischen Intelligenztestverfahren erfasst werden kann, aus. Sternberg (2005) definiert „successfull intelligence“ als

> (1) the use of an integrated set of abilities needed to attain success in life, however an individual defines it, within his or her sociocultural context. People are successfully intelligent by virtue of (2) recognizing their strengths and making the most of them, at the same time that they recognize their weaknesses and find ways to correct or compensate for them. Successfully intelligent people (3) adapt to, shape, and select environments through (4) finding a balance in their use of analytical, creative, and practical abilities. (S. 104)

Gardner (1999, S. 33f.) versteht unter Intelligenz "a biopsychological potential to process information that can be activated in a cultural setting to solve problems or create products that are of value in a culture". In beiden Definitionen wird zudem die Relevanz der soziokulturellen Umwelt deutlich (vgl. auch Sternberg, 2004).

4.1.2 Modelle und Theorien der Intelligenz

Davidson und Downing (2000) verweisen auf vier Arten von Intelligenzmodellen, denen die einzelnen Theorien der Intelligenz zugeordnet werden können: Modelle der neuralen Effizienz, hierarchische Modelle, kontextuelle Modelle und komplexe systemische Modelle. Daneben werden noch weitere Arten von Intelligenzmodellen genannt, zum Beispiel neuropsychologische Modelle (Daseking et al., 2006). Tabelle 5 gibt einen Überblick über die hierarchischen und komplexen systemischen Modelle, denen sowohl aus historischer Perspektive als auch in der aktuellen wissenschaftlichen Diskussion die größte Bedeutung zugesprochen wird (Brody, 2000; Daseking et al., 2006; Davidson & Downing, 2000).

Tabelle 5. Überblick über Intelligenztheorien (in Anlehnung an Daseking et al., 2006; Holling et al., 2004; Sternberg, 2005)

Name	Theoriebeschreibung	Auf dieser Theorie basierende Intelligenztests
Hierarchische Modelle		
Zwei-Faktoren-Theorie nach Spearman (1904)	Ein Generalfaktor (*g*) und verschiedene spezifische Faktoren (*s*): Jede Testleistung setzt sich aus zwei Faktoren zusammen: dem allgemeinen Generalfaktor *g* und einer für die entsprechende Aufgabe spezifischen Fähigkeit *s*. Größter Verdienst Spearmans: Beschreibung des *g*-Faktors.	Matrizentests (erstmalig 1938 entwickelt von John Raven, einem Schüler Spearmans); aktuelle Versionen CPM (Bulheller & Häcker, 2002), SPM (Heller, Kratzmeier & Lengfelder, 1998b) und APM (Heller, Kratzmeier & Lengfelder, 1998a). Wechsler-Skalen, z.B. HAWIK-III (Tewes, Rossmann & Schallberger, 1999) und HAWIE-R (Tewes, 1994).
Modell der Primärfaktoren nach Thurstone (1938)	Mehrere, auf einer Ebene angesiedelte allgemeine Faktoren, die sog. Primärfaktoren.	Ältere Versionen des Intelligenz-Struktur-Tests: I-S-T (Amthauer, 1955) und I-S-T 70 (Amthauer, 1973).
Theorie der fluiden und kristallinen Intelligenz nach Cattell (1971)	Fluide (g_f) und kristalline (g_c) Intelligenz als zwei generelle, voneinander unabhängige Faktoren 2. Ordnung; auf der ersten Ebene befinden sich mehrere Primärfaktoren. g_f: Fähigkeit zur Anpassung an neuartige Situationen und zur Problemlösung bei neuen Aufgabenstellungen; bislang erworbenes Wissen ist irrelevant; überwiegend von Geburt an angelegt; von Bedingungen des kulturellen und gesell-	Erfassung der fluiden Intelligenz: Kulturfaire Intelligenztests CFT 1 (Cattell, Weiß & Osterland, 1997), CFT 20 (Weiß, 1998) und CFT 20-R (Weiß, 2006). SON-R 2½-7 (Tellegen, Laros & Petermann, 2007) und SON-R 5½-17 (Snijders, Tellegen & Laros, 1997). Erfassung der fluiden und kristallinen Intelligenz: BIVA

	schaftlichen Umfeldes unabhängig. *g*: kognitive Fähigkeiten, durch kumulierte Lernerfahrungen seit der Geburt ausgebildet. Synthese der Modellvorstellungen Spearmans und Thurstones.	(Schaarschmidt, Ricken, Kieschke & Preuß, 2004).
Berliner Intelligenzstrukturmodell (BIS) nach Jäger (1967, 1982)	Integratives, hierarchisches Modell; allgemeine Intelligenz (fügt sich aus sieben unterschiedlichen Fähigkeiten zusammen) und sieben spezifischere Fähigkeiten: vier operative Fähigkeiten (bezeichnen Denkoperationen) und drei inhaltsgebundene Fähigkeiten. Alle Fähigkeiten tragen jeweils, wenn auch in unterschiedlichem Ausmaß, zu einer intelligenten Leistung bei. Modell kann erweitert werden.	BIS-Test (Jäger, Süß & Beauducel, 1997) und BIS-HB (Jäger, Holling, Preckel, Schulze, Vock, Süß & Beauducel, 2006). Einordnung anderer Intelligenztestverfahren in verschiedene Zellen des Modells möglich.
Three-Stratum-Theorie nach Carroll (1993)	Drei hierarchische Ebenen: Stratum III: allgemeine Intelligenz, Stratum II: acht Fähigkeiten mittlerer Generalität, Stratum I: 69 spezifischere Fähigkeiten (oft von mehreren Fähigkeiten von Stratum II bestimmt).	Ermöglicht die Einordnung der meisten bisher untersuchten Intelligenzfähigkeiten.
CHC-Theorie der kognitiven Fähigkeiten (Cattell-Horn-Carroll-Theorie) (Woodcock, 1990)	Aktuellste Intelligenztheorie. Drei hierarchische Ebenen: Ebene I: *g*-Faktor, Ebene II: 10 Faktoren, Ebene III: viele einzelne, spezifische Fähigkeiten. Verknüpfung der Theorie der fluiden und kristallinen Intelligenz nach Cattell und der Three-Stratum-Theorie nach Carroll.	WJ III (Woodcock, McGrew & Mather, 2001). HAWIK-IV bildet fünf Faktoren von Ebene II ab: fluide und kristalline Intelligenz, visuelle Verarbeitung, Kurzzeitgedächtnis, Verarbeitungsgeschwindigkeit (Keith, Fine, Taub, Reynolds & Kranzler, 2006).
Komplexe systemische Modelle		
Triarchische Theorie der Intelligenz nach Sternberg (1985)	Intelligenz als dynamisches Konzept, abhängig von Umgebungsbedingungen. Drei interagierende Intelligenzaspekte: interner Aspekt (individuelle Informationsverarbeitungsfähigkeit), Erfahrungsaspekt (Verhältnis von Intelligenz und	Kein konventioneller, psychometrischer Intelligenztest. STAT (unveröffentlichter Test; Sternberg, 1993).

	Erfahrung) und externer Aspekt (bezieht sich auf die praktische Intelligenzanwendung).	
Theorie der multiplen Intelligenzen nach Gardner (1993, 1999)	Mindestens acht größtenteils voneinander unabhängige und gleichwertige Intelligenzarten, die sich in Interaktion von biologischer Prädisposition und Umgebungsbedingungen entwickeln.	Nur drei der acht Intelligenzen (linguistische, logisch-mathematische und räumliche Intelligenz) können über konventionelle Intelligenztestverfahren erhoben werden.

Die aktuellste, empirisch gestützte Intelligenztheorie, die Cattell-Horn-Carroll-Theorie, soll im Folgenden kurz erläutert werden. Die Cattell-Horn-Carroll-Theorie entstand faktorenanalytisch begründet aus der Verknüpfung der Theorie der fluiden und kristallinen Intelligenz nach Cattell und der Three-Stratum-Theorie nach Carroll. Die hierarchisch aufgebaute CHC-Theorie postuliert drei Ebenen: Auf Ebene III sind mehr als 70 verschiedene spezifische Fähigkeiten angesiedelt, aus denen sich die 10 Faktoren auf Ebene II zusammensetzen. Die Faktoren der zweiten Ebene unterliegen dem *g*-Faktor auf Ebene I (s. Abb. 4). Die CHC-Theorie wird heutzutage im Bereich der Intelligenzdiagnostik bei der Neu- bzw. Weiterentwicklung von Testverfahren von der überwiegenden Mehrheit der Testautoren berücksichtigt und zur konzeptionellen Begründung und Testinterpretation herangezogen (Alfonso, Flanagan & Radwan, 2005). Im deutschen Sprachraum stellt der Hamburg-Wechsler-Intelligenztest für Kinder – IV (HAWIK-IV; Petermann & Petermann, 2007) das aktuellste Testverfahren dar, welches explizit auf die CHC-Theorie Bezug nimmt: Die vier Indizes des HAWIK-IV – Sprachverständnis, Wahrnehmungsgebundenes Logisches Denken, Arbeitsgedächtnis und Verarbeitungsgeschwindigkeit – bilden fünf Faktoren der zweiten Ebene der CHC-Theorie ab: kristalline Intelligenz, fluide Intelligenz, visuelle Wahrnehmung, Kurzzeitgedächtnis und Verarbeitungsgeschwindigkeit (Keith et al., 2006).

4.1.3 Intelligenzentwicklung im Kindes- und Jugendalter

Analog zur mehrperspektivischen Erörterung des Konstrukts Intelligenz in der Wissenschaft wird auch die Entwicklung der Intelligenz aus verschiedenen Forschungstraditionen beleuchtet. Die Feststellungen der Entwicklungspsychologie beruhen im Wesentlichen auf der psychometrischen Tradition der Intelligenztests und auf Jean Piagets Theorie der Denkentwicklung im Kindesalter (Schneider, Bullock & Sodian, 1998).

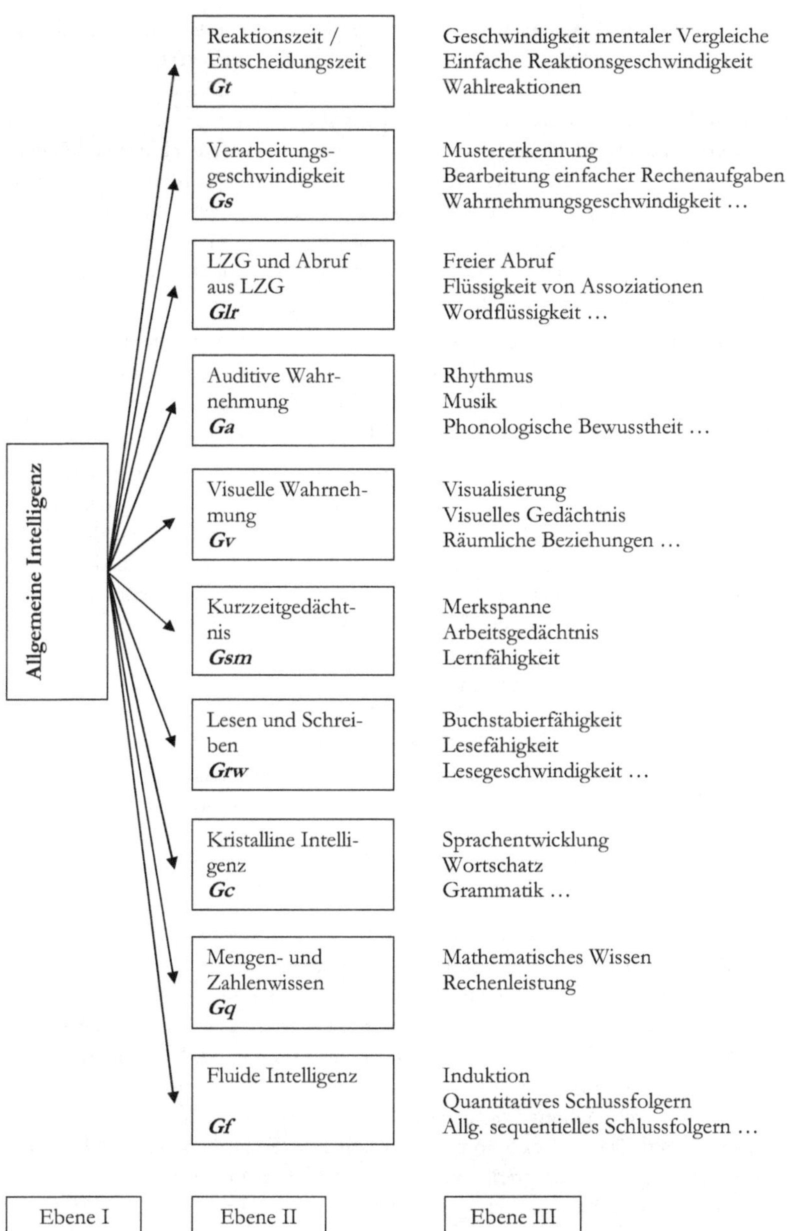

Abbildung 4. Struktur des CHC-Modells (mod. nach Daseking, Petermann & Petermann, 2007, S. 254)

Die Erkenntnisse der psychometrischen Tradition basieren auf der Messung der intellektuellen Fähigkeiten von Menschen mithilfe genormter Intelligenztestverfahren. Der erste Intelligenzquotient wurde von dem deutschen Psychologen William Stern im Jahre 1912 gebildet, indem das Intelligenzalter durch das Lebensalter dividiert und anschließend mit 100 multipliziert wird. Da die Leistung in Intelligenztestverfahren jedoch mit zunehmendem Alter nicht linear ansteigt, schlug der Amerikaner David Wechsler 1939 den sog. Abweichungs-IQ vor. Bei dieser Berechnung wird der Testwert einer Person mit dem Mittelwert und der Streuung der für sie repräsentativen Altersgruppe in Bezug gesetzt. Moderne Intelligenztestverfahren fußen auf einer Normalverteilung mit einem Mittelwert von 100 und einer Standardabweichung von 15.

Der Anstieg der Intelligenz im Kindes- und Jugendalter ist empirisch abgesichert, wobei bisher noch nicht eindeutig geklärt werden konnte, ob dieser Intelligenzanstieg mit strukturellen Veränderungen verbunden ist. In neueren Untersuchungen zeichnen sich gleiche *Intelligenzstrukturen* ab etwa dem Vorschulalter ab (Holling et al., 2004).

Ebenso wurde die *Stabilität* der Intelligenz untersucht. Insgesamt betrachtet erweist sich die Intelligenz ab etwa einem Alter von bereits fünf Jahren als ein überaus stabiles Persönlichkeitsmerkmal, dessen Stabilität wahrscheinlich zu einem großen Teil durch den über die Altersspanne zunehmenden genetischen Einfluss – von ca. 20% in der frühen Kindheit über etwa 40% in der mittleren Kindheit bis zu ca. 80% im späten Erwachsenenalter – erklärt werden kann (Bartels, Rietveld, Van Baal & Boomsma, 2002; Hoekstra, Bartels & Boomsma, 2007; Plomin & Petrill, 1997). In geringerem Umfang trägt auch der sozioökonomische Hintergrund einer Familie, insbesondere die schulische Bildung der Mutter, zur Stabilität der allgemeinen intellektuellen Fähigkeiten im frühen Kindesalter bei (Hart, Petrill, Deckard & Thompson, 2007). Bis zu einem Alter von fünf Jahren treten noch relativ große intraindividuelle Schwankungen auf, insbesondere im Vorschulalter. Dies wird zum Einen damit begründet, dass diese Zeit eine außerordentlich dynamische Entwicklungsphase darstellt. Ebenso ist aber auch denkbar, dass bei Kindern in diesem Alter die Begleitumstände, beispielsweise die Motivation des Kindes, noch stärker zum Tragen kommen (Petermann & Macha, 2005; Schneider et al., 1998).

Die Untersuchung der *Geschlechterunterschiede* bildet einen weiteren Schwerpunkt der Forschungsbemühungen. Dabei konnten für die durchschnittliche Höhe von *g* keine fortlaufenden Geschlechterunterschiede aufgedeckt werden. In einer aktuellen Studie konnte für Jungen im Alter von drei bis zehn Jahren jedoch eine größere Varianz nachgewiesen werden. Im Alter von zwei bis zu vier Jahren sind Jungen im unteren Extrembereich und Mädchen im oberen Extrembereich der allgemeinen intellektuellen Fähigkeiten überrepräsentiert. Im Alter von zehn Jahren hingegen sind Jungen im oberen Bereich stärker vertreten (Arden & Plomin, 2006). Bestimmte Geschlechterunterschiede zeigten sich zudem abhängig von verschiedenen Faktoren, zum Beispiel dem Antwortformat von Testaufgaben: Hier zeichnen sich bessere Leistungen für männliche Probanden bei Multiple-Choice-Aufgaben und bessere Leistungen für weibliche Probanden bei freien Antwortformaten ab. Mehrfach belegt ist auch die Überlegenheit von weiblichen Testpersonen im verbalen Bereich, und zwar bereits ab der frühen Kindheit. Zu der Größe dieses Befundes existieren allerdings widersprüchliche Aussagen. Bei den räumlichen Fähigkeiten hingegen weisen die Männer die besseren Leistungsergebnisse auf. Im Hinblick auf die mathematischen Fähigkeiten lässt sich ein Alterstrend verzeichnen: Bei Kindern im Alter zwischen vier und acht Jahren treten noch keine Geschlechterunterschiede bzw. nur geringe Vorteile zugunsten der Mädchen auf. Bei Jugendlichen im Alter von 15 bis 18 Jahren erzielen Jungen die besseren Ergebnisse, und dieses Auseinanderdriften der Geschlechter verstärkt sich in den folgenden Jahren, so dass im Alter von 25 Jahren die Mittelwerte von Frauen und Männer durchschnittlich etwa eine halbe Standardabweichung auseinander liegen. Sowohl im unteren als auch im oberen Extrembereich sind die Männer überrepräsentiert (Holling et al., 2004).

Neben den Erkenntnissen der psychometrischen Tradition konnte vor allem Piagets Theorie der Denkentwicklung einen grundlegenden Beitrag zur Erforschung der Intelligenzentwicklung im Kindes- und Jugendalter leisten (Bjorklund, 2005; Ginsburger & Opper, 1998). Die Kritik der heutigen Wissenschaft an Piagets Theorie der geistigen Entwicklung bezieht sich zum Beispiel auf die Unterschätzung der kindlichen Denkfähigkeiten und auf die Vernachlässigung sozialer Einflussfaktoren (Montada, 2002). Trotz dieser Einwände prägt das Gedankengut Piagets auch heute noch die wissenschaftliche Untersuchung der geistigen Entwicklung im Kindes- und Jugendalter (z.B. Cohen, Chaput & Cashon, 2002; Karpov, 2003; Krampen, 2008; Spiel, Glück & Gößler, 2004). In der LOGIK-Studie beispielsweise wurden den Kindern sowohl Aufgaben zur Erfassung der psychometrischen Intelligenz als auch Aufgaben zur Überprüfung der allgemeinen Denkentwicklung vorgegeben, die sich teilweise an Piaget orientierten, zum Beispiel Aufgaben zur Erfassung der Fähigkeit zur Zahlkonservierung. Während für das Vorschulalter nur relativ schwache korrelative Zusammenhänge zwischen den Maßen zur psychometrischen Intelligenz und den Maßen zur Denkfähigkeit gefunden wurden, zeigten sich im Schulalter deutliche Zusammenhänge mit Korrelationen zwischen $r = .45$ und $r = .60$, die zudem im Verlauf der Schulzeit stetig stabiler und enger wurden. Auch die korrelativen Beziehungen zwischen den Schulnoten und den Maßen der psychometrischen Intelligenz waren in der zweiten Klasse noch gering ausgeprägt und nahmen bis zur sechsten Klasse hin zu, mit Korrelationen in den späteren Schuljahren zwischen $r = .45$ und $r = .55$. Das Zusammenhangsmuster zwischen den Schulnoten und den Maßen zur Denkfähigkeit muss nach den Fächern Deutsch und Mathematik getrennt betrachtet werden. Für Deutsch wurden über die Schulzeit hinweg konstante Korrelationen mit ca. $r = .25$ nachgewiesen; in Mathematik zeigten sich anfangs korrelative Zusammenhänge um etwa $r = .35$, die jedoch im Verlauf der Schulzeit auf etwa $r = .45$ anstiegen. Die Merkmale der allgemeinen Denkfähigkeit scheinen also deutlich enger mit den Leistungen in Mathematik verbunden zu sein als mit den Schulleistungen in Deutsch. Für die schulische Entwicklung insgesamt sind den Ergebnissen entsprechend aber sowohl die psychometrische Intelligenz als auch die allgemeine Denkfähigkeit bedeutsam (Schneider et al., 1998).

4.1.4 Intelligenzdiagnostik

Intelligenztestverfahren

Es existieren zahlreiche Intelligenztestverfahren (Brähler, Holling, Leutner & Petermann, 2002), in der Praxis werden jedoch meist nur einige wenige Verfahren eingesetzt. Es können zwei Arten von Intelligenztestverfahren unterschieden werden, Testverfahren zur Erfassung einer einzelnen Intelligenzdimension und Testverfahren, die mehrere Intelligenzdimensionen abdecken (s. Tab. 6 und 7; Holling et al., 2004). Beide Verfahrensgruppen haben jeweils spezifische Vor- und Nachteile. Intelligenztestverfahren, die nur eine einzelne Intelligenzdimension abfragen, zeichnen sich meist durch eine hohe Ökonomie aus, dafür können mit ihrer Hilfe aber nur Aussagen zu einem bestimmten Ausschnitt intellektueller Leistungsfähigkeit getroffen werden. Zudem basieren sie oft auf homogenen Aufgaben und bieten damit wenig Abwechslung bei der Testdurchführung. Außerdem ist der konkrete Alltagsbezug häufig kaum ersichtlich.

Tabelle 6. Auswahl an Testverfahren zur Erfassung einzelner Intelligenzdimensionen im Kindes- und Jugendalter (aktualisiert nach Holling et al., 2004, S. 88)

Testname	Abkürzung	Altersbereich	Messgegenstand	Externe Validität
Grundintelligenztests	**CFT 1** (Cattell, Weiß & Osterland, 1997)	5;3-9;5 Jahre	Fluide Intelligenz (Zusatzmodule CFT 20: Kristalline Intelligenz)	Durchschnittliche Korrelationen mit Schulnoten zwischen $r = .35$ (Sachkunde) und $r = .44$ (Mathematik).
	CFT 20 (Weiß, 1998)	8;7-70 Jahre		Schulnoten in Mathematik $r = .50$, in Deutsch $r = .29$.
	CFT 20-R (Weiß, 2006)	8;5-60 Jahre		
Raven Matrizentests	**CPM** (Bulheller & Häcker, 2002)	3;9-11;8 Jahre	Fluide Intelligenz	
	SPM (Heller, Kratzmeier & Lengfelder, 1998b)	ab 6 Jahre		Konkurrente Validität: mittlere, signifikante Zusammenhänge (zwischen $r = .20$ und $r = .60$).
	APM (Heller, Kratzmeier &	ab 12 Jahre		Konkurrente Validität: schwache bis mittlere positive

	Lengfelder, 1998a)			Zusammenhänge.
Snijders-Oomen non-verbale Intelligenztests	**SON-R 2½-7** (Tellegen, Laros & Petermann, 2007) **SON-R 5½-17** (Snijders, Tellegen & Laros, 1997)	2;6-7;11 Jahre 5;6-17;11 Jahre	Fluide Intelligenz	
Zahlen-Verbindungs-Test	**ZVT** (Oswald & Roth, 1987)	8-95 Jahre	Kognitive Leistungsgeschwindigkeit	Mittlerer Zusammenhang mit Durchschnittsnoten: $r = .37$.
Dreidimensionaler Würfeltest	**3DW** (Gittler, 1990)	ab 13 Jahre	Räumliches Vorstellungsvermögen	3DW/Darstellende Geometrie: $r = -.37$.

Intelligenztestverfahren hingegen, welche die Erfassung mehrerer Intelligenzdimensionen erlauben, ermöglichen in der Regel die Bestimmung spezifischer individueller Stärken und Schwächen; sie eignen sich aus diesem Grund besonders für den Einsatz in der Begabungsdiagnostik. Meist liegt ihnen zudem ein heterogeneres Aufgabenmaterial zugrunde, wodurch sich die Testdurchführung abwechslungsreicher gestaltet. Die Vielfältigkeit des Aufgabenmaterials ist jedoch mit einem höheren Aufwand für den Testleiter in der Einarbeitung, Testdurchführung und -auswertung verbunden. Die Entscheidung für ein bestimmtes Intelligenztestverfahren sollte letztlich stets unter Berücksichtigung verschiedener relevanter Variablen erfolgen, beispielsweise der Fragestellung der Untersuchung und dem Alter des Probanden (Esser, 2003; Ford & Dahinten, 2005). Zudem sollte die Güte eines Testverfahrens stets kritisch geprüft werden. Aufgrund ihrer überalterten Normen sollten zum Beispiel der PSB (Horn, 1969) und der I-S-T 70 (Amthauer, 1973) nicht mehr zur Anwendung kommen (Baving & Schmidt, 2000).

Tabelle 7. Auswahl an Testverfahren zur Erfassung mehrerer Intelligenzdimensionen im Kindes- und Jugendalter (aktualisiert nach Holling et al., 2004, S. 112)

Testname	Abkürzung	Altersbereich	Messgegenstand	Externe Validität
Kognitive Fähigkeitstests	**KFT-K** (Heller & Geisler, 1983b)	5-6 Jahre	Allgemeine Intelligenz	Korrelationen mit dem Duisburger Vorschul- und Einschulungstest

				DVET: $r = .62$; Korrelation der KFT-Gesamtleistung mit der Durchschnittsnote in den Kernfächern: $r = .54$.
	KFT 1-3 (Heller & Geisler, 1983a)	6-12 Jahre	Allgemeine Intelligenz; schulische Leistungsfähigkeit	
	KFT 4-12+R (Heller & Perleth, 2000)	4.-12. Klasse	Sprachgebundenes, quantitativ-zahlengebundenes, nonverbales Denken; allgemeine Intelligenz	Korrelationen der KFT 4-12+R-Teil- und Gesamtscores mit Noten in Mathematik, Deutsch und Englisch liegen zwischen $r = .30$ und $r = .40$.
Hamburg-Wechsler-Intelligenztests	**HAWIVA-III** (Ricken, Fritz, Schuck & Preuß, 2007)	2;6-6;11 Jahre	HAWIVA-III und HAWIK-III: Allgemeine Intelligenz, verbale Intelligenz, praktische Begabung	
	HAWIK-III (Tewes, Rossmann & Schallberger, 1999)	6;0-16;11 Jahre		Korrelationen mit Schulnoten liegen zwischen $r = .28$ und $r = .47$.
	HAWIK-IV (Petermann & Petermann, 2007)	6;0-16;11 Jahre	Allgemeine Intelligenz, Sprachverständnis, Wahrnehmungsgebundenes Logisches Denken, Arbeitsgedächtnis, Verarbeitungsgeschwindigkeit	
Adaptives Intelligenz Diagnostikum	**AID-2** (Kubinger & Wurst, 2001)	6;0-15;11 Jahre	Verbal-akustische Fähigkeiten, manuell-visuelle Fähigkeiten	

Intelligenz-Struktur-Test	**I-S-T 2000 R** (Liepmann, Beauducel, Brocke & Amthauer, 2007)	ab 15 Jahren und Erwachsene	Verbale, numerische und figurale Intelligenz; Merkfähigkeit; fluide und kristalline Intelligenz; schlussfolgerndes Denken mit Wissensanteilen; verbal, numerisch und figural kodiertes Wissen	
Berliner Intelligenzstruktur-Tests	**BIS-Test** (Jäger, Süß & Beauducel, 1997) **BIS-HB** (Jäger, Holling, Preckel, Schulze, Vock, Süß & Beauducel, 2006)	16-19 Jahre 12;6-16;5 Jahre	BIS-Test und BIS-HB: Bearbeitungsgeschwindigkeit, Einfallsreichtum; Merkfähigkeit; Verarbeitungskapazität; verbale, quantitativ-zahlengebundene, figurale Denkfähigkeit; allgemeine Intelligenz als Integral	Prädiktive Validität mit Noten in naturwissenschaftlichen Fächern zwischen $r = .40$ und $r = .60$ (für K und N).

Intelligenztestverfahren weisen spezifische Vor- und Nachteile auf. Als Vorteile sind die theoretische Fundiertheit der meisten Intelligenztestverfahren sowie die Gewährleistung objektiver, reliabler und valider Intelligenzmessungen zu nennen, sofern die Intelligenztestverfahren den Gütekriterien der psychologischen Diagnostik entsprechen (Bortz & Döring, 2002). Mithilfe von Intelligenztests können intellektuelle Fähigkeiten differenziert erfasst und sowohl intra- als auch interindividuell beurteilt werden (Holling et al., 2004). Allerdings erlauben Intelligenztestverfahren nur eine sog. Statusdiagnostik, d.h. nur der aktuelle Leistungsstand kann erhoben werden. Außerdem wird zumeist nur ein Ausschnitt der intellektuellen Fähigkeiten eines Individuums erfasst; dieser Ausschnitt ist abhängig von der dem Testverfahren zugrunde gelegten Intelligenzdefinition und -theorie sowie dem eingesetzten Aufgabenmaterial (Daseking et al., 2006). Zudem muss berücksichtigt werden, dass jedes Testergebnis einen bestimmten Messfehler beinhaltet, das Testergebnis also nur als eine Annäherung an den wahren Wert eines Individuums zu verstehen ist. Dieser wahre Wert einer Person befindet sich mit einem bestimmten Vertrauensgrad in einem spezifischen Wertebereich, der deshalb auch als Vertrauens- oder Konfidenzintervall bezeichnet wird (Bortz, 2005).

Die Diagnostik der Intelligenz im Extrembereich intellektueller Begabung erfordert besondere Berücksichtigungen. So muss bedacht werden, dass im unter- und überdurchschnittlichen Bereich intellektueller Begabung größere Messfehler auftreten können. Ferner weisen einige Intelligenztestverfahren Boden- und/oder Deckeneffekte auf, wodurch die Erfassung der intellektuellen Fähigkeiten durch das Testverfahren erheblich erschwert wird. Dieses Problem tritt bei der Diagnostik hoher intellektueller Begabung bei nahezu allen normbasierten Testverfahren zu Tage. Für die Diagnostik intellektueller Hochbegabung empfiehlt sich daher der Einsatz von Testverfahren, die speziell an dieser Personengruppe normiert wurden. Im deutschen Sprachraum liegen dazu momentan drei Testverfahren vor: der BIS-HB (Jäger et al., 2006) sowie die Münchner Hochbegabungstestbatterie für die Primarstufe (MHBT-P; Heller & Perleth, 2007a) und für die Sekundarstufe (MHBT-S; Heller & Perleth, 2007b). Für die Intelligenzdiagnostik im unteren Begabungsbereich kann auf Testverfahren zurückgegriffen werden, die speziell für die Diagnostik von lern- oder geistig behinderten Kindern und Jugendlichen konstruiert wurden, zum Beispiel die Columbia Mental Maturity Scale für Lernbehinderte, einen Gruppenintelligenztest für lernbehinderte Sonderschüler (CMM-LB; Eggert & Schuck, 1999).

Um die mithilfe der Intelligenztestverfahren ermittelten Normen angemessen interpretieren zu können, muss schließlich die Aktualität eines Testverfahrens beachtet werden. Gemäß dem Flynn-Effekt wächst die durchschnittliche Leistung einer Altersgruppe im Verlauf der Zeit an, und zwar um ca. drei IQ-Punkte innerhalb von zehn Jahren (Flynn, 1984, 1987, 1999, 2007). Dieser Zuwachs wurde für Westeuropa und den amerikanischen Kulturraum für alle Alters- und Begabungsgruppen empirisch nachgewiesen. Die zugrunde liegenden Ursachen konnten bisher noch nicht aufgedeckt werden (Holling et al., 2004).

Einsatzfelder der Intelligenzdiagnostik

Die Einsatzfelder der Intelligenzdiagnostik gestalten sich vielfältig. In den folgenden Ausführungen werden die Einsatzmöglichkeiten der Intelligenzdiagnostik in drei Bereichen skizziert, wobei auf Überschneidungen zwischen den verschiedenen Einsatzfeldern hinzuweisen ist. Der erste Intelligenztest von Binet und Simon wurde für den schulischen Einsatz entwickelt, und im Bereich der *Schulpsychologie* finden Intelligenztestverfahren heutzutage im Rahmen der Diagnostik von Lern- und Leistungsstörungen, Hochbegabung und Over-/Underachievement sowie für Schullaufbahnentscheidungen Anwendung. Neben den kognitiven Lernvoraussetzungen müssen bei solchen Entscheidungen allerdings stets auch weitere Bedingungsvariablen berücksichtigt werden (Berninger & O'Donnell, 2005; Flanagan & Mascolo, 2005; Jötten & Fleischer, 2007; McIntosh & Dixon, 2005; Quitmann, 2007; Saklofske, Weiss, Raiford & Prifitera, 2006; Sparfeldt & Schilling, 2006; Volker, Lopata & Cook-Cottone, 2006).

Ein weiteres Einsatzfeld von Intelligenztestverfahren stellt die *Klinische Psychologie und Psychiatrie* dar. In der Praxis der Kinder- und Jugendpsychiatrie bilden Intelligenztests die am häufigsten eingesetzte Gruppe von Testverfahren (Bölte, Adam-Schwebe, Englert, Schmeck & Poustka, 2000). Bei der psychologischen Diagnostik von Kindern und Jugendlichen sollten Intelligenztestverfahren standardmäßig eingesetzt werden, da die

Intelligenz einer Person einen wesentlichen Prädiktor für den Verlauf und Erfolg einer Therapie darstellt und zudem die Diagnostik einer Lernstörung oder einen umschriebenen Entwicklungsstörung die Intelligenzdiagnostik vorschreibt. Intelligenztestverfahren werden in diesem Bereich ferner zur Indikations- und Differenzialdiagnostik, zur Diagnostik von Intelligenzminderung und Intelligenzabbau sowie zur Beurteilung von Rehabilitationsmaßnahmen eingesetzt (Heubrock & Petermann, 2005 a, b; Lauth, 2005; Lauth, Grünke & Brunstein, 2004; Remschmidt & Niebergall, 2000). Wie auch bei der Anwendung von Intelligenztestverfahren als Grundlage für schulische Entscheidungen müssen bei der Anwendung von Intelligenztests im klinischen Bereich neben der kognitiven Leistungsfähigkeit immer auch weitere Funktionsbereiche und Faktoren beachtet werden (Rist & Dirksmeier, 2001).

Ein drittes Einsatzfeld für Intelligenztestverfahren liegt in der *Berufs- und Personalberatung*, denn die Intelligenz einer Person zeigt sich als ein bedeutender Prädiktor für den Ausbildungserfolg und die berufliche Leistung, und das nahezu unabhängig von der spezifischen beruflichen Tätigkeit. Selbstverständlich sind auch hier weitere Variablen zu berücksichtigen (Hülsheger, Maier, Stumpp & Muck, 2006; Kuncel, Hezlett & Ones, 2004; Ones, Viswesvaran & Dilchert, 2004; Schmidt & Hunter, 2004).

4.2 Fähigkeitsselbstkonzept

4.2.1 Begriffsbestimmung und Struktur

Das Fähigkeitsselbstkonzept stellt einen bedeutsamen Forschungsgegenstand der Pädagogischen Psychologie dar (Dickhäuser, 2006; Filipp, 2006; Schilling, Sparfeldt, Rost & Nickels, 2004). Wie bereits ausgeführt bezeichnen Fähigkeitsselbstkonzepte allgemein „Annahmen über die *Höhe eigener Fähigkeiten* [Hervorhebung v. Verf.], die meist domänspezifisch konzeptualisiert werden“ (Dresel & Ziegler, 2006, S. 49). Ihren Ursprung nahm die Erforschung des Selbst mit der von William James vorgelegten Theorie des Selbst im Jahr 1890. Seitdem wurden in der Selbstkonzeptforschung verschiedene Strukturmodelle des Selbst mit entsprechend unterschiedlichen Operationalisierungen ausgearbeitet; dabei lässt sich eine Entwicklung weg von einem eindimensionalen Konstrukt hin zu einer mehrdimensional-hierarchischen Struktur nachzeichnen (Rost & Sparfeldt, 2002). Die mehrdimensionalen Konstrukte umfassen taxonomische und hierarchische Ansätze (Schilling et al., 2004). Eines der einflussreichsten Modelle mit einer hierarchischen Struktur stellt das Selbstkonzeptmodell von Shavelson, Hubner und Stanton (1976) dar (Dickhäuser, 2006). Dieses Modell postuliert einen hierarchischen, mehrdimensionalen Aufbau des Selbstkonzepts: Auf der obersten, unspezifischen Hierarchieebene ist das allgemeine Selbstkonzept angesiedelt, auf der zweiten Ebene befinden sich das akademische Selbstkonzept und das nicht-akademische Selbstkonzept, welches sich aus dem sozialen, emotionalen und physischen Selbstkonzept zusammen setzt (Shavelson et al., 1976). Das akademische Selbstkonzept – im deutschen Sprachraum mit dem Begriff Fähigkeitsselbstkonzept sowie den domänenspezifischen Facetten gleichgesetzt (Dickhäuser, 2006) – wird spezifisch als die „*Gesamtheit der Gedanken über die eigenen Fähigkeiten in schulischen Leistungssituationen* [Hervorhebung v. Verf.]" definiert (Schöne, Dickhäuser, Spinath & Stiensmeier-Pelster, 2003, S. 4).

Eine Revision des hierarchischen Selbstkonzeptmodells von Shavelson et al. (1976) wurde von Marsh und Shavelson (1985; Marsh, 1986) vorgelegt. Auf der Grundlage der Ergebnisse des Self Descriptive Questionnaire (SDQ I: Marsh, 1988; SDQ II: Marsh, 1990; SDQ III: Marsh, 1992b; zit. nach Schilling et al., 2004) – nahezu Nullkorrelationen zwischen dem verbalen und dem mathematischen Selbstkonzept – teilt das Marsh-/Shavelson-Modell das akademische Selbstkonzept in zwei voneinander unabhängige Faktoren, das verbal-akademische und das mathematisch-akademische Selbstkonzept, auf. Damit befinden sich auf der zweiten Hierarchieebene entgegen des ursprünglichen Modells drei separate Faktoren.

Neben den Selbstkonzeptmodellen von Shavelson et al. (1976) und von Marsh (1986) wurden noch weitere Selbstkonzeptmodelle formuliert, zum Beispiel von Hannover (1997). In der aktuellen Diskussion um Fähigkeitsselbstkonzepte dominieren jedoch die oben beschriebenen Modelle.

4.2.2 Genese des Fähigkeitsselbstkonzeptes

Die Forschung zu schulischen Selbstkonzepten ist vor allem durch eine entscheidende Frage geprägt: Sind die unterschiedlich hohen bzw. niedrigen Fähigkeitsselbstkonzepte von Schülern die Folge oder die Ursache der unterschiedlichen schulischen Leistungen (Calsyn & Kenny, 1977; Helmke, 1998)? Zur Beantwortung dieser Frage wurden ursprünglich zwei Ansätze diskutiert: der skill development-Ansatz und der self enhancement-Ansatz (Dickhäuser, 2006; Schöne et al., 2003). Der *skill development-Ansatz* besagt, dass ein erzieltes Leistungsniveau auf das Fähigkeitsselbstkonzept einwirkt; der *self enhancement-Ansatz* hingegen geht davon aus, dass „sich ein hohes Fähigkeitsselbstkonzept günstig auf die Leistungsentwicklung auswirken sollte" (Filipp, 2006, S. 68). Inzwischen sind reziproke Beziehungen zwischen diesen beiden Effekten empirisch abgesichert (Marsh & Yeung, 1997; Valentine et al., 2004), mit einer mittleren Effektstärke von .08 für den self enhancement-Effekt (Valentine et al., 2004) und einer deutlich höheren Effektstärke von .14 bis .63 für den skill development-Effekt (Marsh & Hau, 2003). Zudem lassen sich altersspezifische Effekte konstatieren: Im späten Grundschulalter wurde vor allem der skill development-Ansatz belegt, während in der zweiten Klasse auch der self enhancement-Ansatz bestätigt wurde (Kammermeyer & Martschinke, 2003).

Zur Erklärung der Effekte von vorangegangener Leistung auf das Fähigkeitsselbstkonzept wurden sog. Referenzrahmentheorien formuliert. Zentrale Annahme des *Internal/External Frame of Reference-Modells* von Marsh (1986), welches er basierend auf den Forschungsergebnissen mit dem SDQ entwickelte, ist ein Zusammenspiel von sozialen und dimensionalen Vergleichen. Eine Veränderung des Fähigkeitsselbstkonzepts ist als Folge dieser Vergleichsprozesse zu betrachten, d.h. Veränderungen in der Höhe des Fähigkeitsselbstkonzepts entstehen nicht durch die perzipierte Leistung per se, sondern auf der Grundlage des Ergebnisses eines Leistungsvergleichs. Die gleiche Leistung kann dementsprechend ganz unterschiedliche Auswirkungen auf das Fähigkeitsselbstkonzept haben (Köller,

Trautwein, Lüdtke & Baumert, 2006; Marsh, Kong & Hau, 2000; Trautwein & Lüdtke, 2005).

4.2.3 Entwicklung im Grundschulalter

Die durchschnittliche Entwicklung des Fähigkeitsselbstkonzeptes während der Grundschuljahre zeigt einen Verlauf von einer starken Überschätzung der eigenen Fähigkeiten in der ersten Klasse zu einer zunehmend realistischeren Selbsteinschätzung zum Ende der Grundschulzeit (Helmke, 1991, 1998). Als Gründe für diesen Entwicklungsverlauf werden die zu Beginn der Grundschulzeit noch nur unzureichend entwickelte Fähigkeit zur Informationsintegration aus unterschiedlichen Quellen, der Beginn der Zensurengebung ab der zweiten Klassenstufe, die erst ab einem Alter von neun Jahren mögliche Trennung von Wunsch und Wirklichkeit sowie das sich erst entwickelnde Konzept der eigenen Fähigkeit als stabiles Personenmerkmal genannt.

In der LOGIK-Studie wurde der Entwicklungsverlauf des Fähigkeitsselbstkonzeptes vom Kindergartenalter bis zur sechsten Klassenstufe differenziert betrachtet (Weber & Stefanek, 1998). Es zeigt sich, dass die absteigende durchschnittliche Entwicklung von einer stark überdurchschnittlichen zu einer mittelmäßig überdurchschnittlichen Fähigkeitsselbsteinschätzung durch zwei sog. Wiederanstiege in der ersten und in der dritten Klasse gekennzeichnet ist. Wahrscheinliche Begründungen sind das Überwiegen positiver Erlebnisse zu Beginn der ersten Klasse sowie der Lehrerwechsel von der zweiten zur dritten Klasse und die damit verbundene Zurückhaltung im Hinblick auf negative Leistungsrückmeldungen eingangs der dritten Klasse. Die einsetzende Zensurengebung in der zweiten Klasse hingegen kann nicht als Argument für den Abfall der Fähigkeitsselbsteinschätzungen von der ersten zur zweiten Klasse herangezogen werden, denn dieser Trend manifestiert sich bereits vor der Einführung des Ziffernzeugnisses. Während im Verlauf der Grundschulzeit ein allgemein abfallender Verlauf der Fähigkeitsselbsteinschätzungen zu verzeichnen ist, zeigt sich in der gleichen Zeitspanne eine Tendenz zur zunehmenden durchschnittlichen Stabilität der Selbsteinschätzungen. Sowohl bezüglich der Entwicklung als auch hinsichtlich der Stabilität der Selbstkonzepte wird auf die interindividuelle Variabilität verwiesen. Zudem traten Geschlechterunterschiede zu Tage: Bis zur ersten Klasse weisen Mädchen und Jungen ein gleich hohes mathematisches Fähigkeitsselbstkonzept auf, ab der zweiten Klasse schätzen Mädchen ihre mathematischen Leistungen deutlich negativer ein, ab der dritten Klasse erreichen diese Geschlechterunterschiede Signifikanzniveau. Diese signifikanten Geschlechterunterschiede bleiben bis zum Ende der Grundschulzeit bestehen, obwohl sich die tatsächlich vorhandenen Unterschiede in den schulischen Leistungen immer mehr angleichen. In Deutsch lässt sich ein entgegengesetzter, jedoch wesentlich schwächerer Verlauf feststellen (Helmke, 1998). Zudem unterscheiden sich Mädchen und Jungen hinsichtlich des Bezugspunkts der Attributionen schulischer Leistungen: Während Jungen sowohl die wahrgenommene Lehrereinschätzung als auch ihre objektive mathematische Leistung als Bezugspunkte heranziehen, orientieren sich Mädchen hauptsächlich an der wahrgenommenen Lehrereinschätzung (Dickhäuser & Meyer, 2006).

4.2.4 Diagnostik des Fähigkeitsselbstkonzeptes

Bei der Auswahl eines Verfahrens zur Diagnostik des Fähigkeitsselbstkonzeptes im Kindesalter müssen einige Gesichtspunkte beachtet werden. So stellt sich prinzipiell die Frage, welches Konstrukt, ein bereichsspezifisches oder allgemeines Fähigkeitsselbstkonzept, die besseren Verhaltensvorhersagen ermöglicht (Schöne et al., 2003). Auf der Basis der vorliegenden Literatur lässt sich dieser Aspekt nicht schlüssig beantworten, im Allgemeinen werden jedoch engere Korrelationen zwischen bereichsspezifischem Fähigkeitsselbstkonzept und schulischer Leistung berichtet (Helmke, 1997; Marsh, 1992a). Als weitere Begründungen für die Erfassung bereichsspezifischer Fähigkeitsselbstkonzepte werden die quasi Nullkorrelationen zwischen mathematischem und verbalem akademischen Selbstkonzept sowie Geschlechtsunterschiede aufgeführt (Rost & Sparfeldt, 2002; Schilling et al., 2004). Anhaltspunkte für die Auswahl eines Verfahrens ergeben sich aber ebenso aus dem Zweck der Untersuchung: Stellen beispielsweise allgemeine Lernprobleme den Untersuchungsanlass dar, ist es meist sinnvoll, das allgemeine Fähigkeitsselbstkonzept zu erfassen. Hat ein Schüler in einem bestimmten Fach Leistungsprobleme, ist die Erhebung des fachspezifischen Fähigkeitsselbstkonzeptes indiziert (Schöne et al., 2003). Tabelle 8 können Verfahren zur Erfassung des bereichsspezifischen und des allgemeinen Fähigkeitsselbstkonzeptes entnommen werden.

Wie bei allen Testverfahren muss auch bei den Verfahren zur Erfassung des Fähigkeitsselbstkonzeptes die Aktualität der Normen kritisch geprüft werden. Der Fragebogen zum Selbstkonzept für 4.-6. Klassen (FSK 4-6; Wagner, 1977) und die Frankfurter Selbstkonzeptskalen (FSKN; Deusinger, 1986) gelten beispielsweise aufgrund ihrer Normen als veraltet (Rheinberg, 2004; Schilling et al., 2004; Schöne et al., 2003). Andere Verfahren wiederum wurden nicht an einer repräsentativen Stichprobe normiert, zum Beispiel der Fragebogen zur Erfassung von Selbst- und Kompetenzeinschätzungen bei Kindern (FSK-K; Wünsche & Schneewind, 1989).

Die Gültigkeit für nur einen begrenzten Altersbereich ist ein weiteres zu bedenkendes Problem bei der Auswahl eines Verfahrens zur Erhebung des Fähigkeitsselbstkonzeptes im Kindesalter. Die normierten Testverfahren sind zumeist nur für eine bestimmte Altersgruppe einsetzbar; für die Klassenstufen 1 bis 3 liegt kein aktuelles, normiertes Verfahren vor. Die Entscheidung für ein bestimmtes Verfahren muss daher letztlich unter Berücksichtigung mehrerer Aspekte – der Verfügbarkeit und Aktualität der Normdaten, der Bevorzugung einer Erfassung des allgemeinen vs. des fachspezifischen Fähigkeitsselbstkonzeptes – getroffen werden.

Tabelle 8. Übersicht über Verfahren zur Erfassung des allgemeinen und fachspezifischen Fähigkeitsselbstkonzeptes (in Anlehnung an Rheinberg, 2004; Schöne et al., 2003)

Testname	Abkürzung	Altersbereich	Messgegenstand	Normierung	Externe Validität
Fragebogen zur Erfassung von	**FSK-K** (Wünsche &	10-15 Jahre	allgemeines Fähigkeitsselbst-	nein	keine Angabe

Selbst- und Kompetenzeinschätzungen bei Kindern	Schneewind, 1989)		konzept		(k. A.)
Fragebogen zum Selbstkonzept für 4.-6. Klassen	**FSK 4-6** (Wagner, 1977)	4.-6. Klasse	allgemeines Fähigkeitsselbstkonzept mit der Subskala „Einschätzung eigener Fähigkeit"	ja	k. A.
Frankfurter Selbstkonzeptskalen	**FSKN** (Deusinger, 1986)	ab 13 Jahre	allgemeines Fähigkeitsselbstkonzept mit der Subskala „Frankfurter Selbstkonzeptskala zur allgemeinen Leistungsfähigkeit"	ja	k. A.
Skalen zur Erfassung des schulischen Selbstkonzepts	**SESSKO** (Schöne, Dickhäuser, Spinath & Stiensmeier-Pelster, 2002)	4.-10. Klasse	allgemeines Fähigkeitsselbstkonzept unter systematischer Berücksichtigung verschiedener Bezugsnormen	ja	Korrelationen mit der Schulleistung (gemittelte Hauptfachnoten): $r = .38$ bis $r = .43$.
Fähigkeitskonzept Mathematik	**FKM** (Jerusalem, 1984)	k. A.	Fähigkeitsselbstkonzept in Mathematik	nein	k. A.
Fähigkeitskonzept Deutsch	**FKD** (Jerusalem, 1984)	k. A.	Fähigkeitsselbstkonzept in Deutsch	nein	k. A.
Differentielles Schulisches Selbstkonzept-Gitter	**DISK-Gitter** (Rost, Sparfeldt & Schilling, 2007)	7.-10. Klasse	allgemeines Fähigkeitsselbstkonzept und fachspezifische Fähigkeitsselbstkonzepte	ja	k. A.

4.3 Motivation über fremdkontrollierte Anreize

4.3.1 Begriffsbestimmung

Eine Aktivität kann aus verschiedenen Gründen ausgeführt werden. Wirkt eine Aktivität nicht per se hinreichend motivierend, dann können entweder Anreize tragend werden, die sich vom erzielten Ergebnis ableiten, oder aber solche „Anreize, die andere Personen erkennbar an die Tätigkeitsausführung gekoppelt haben" (Rheinberg, 2004, S. 55). Dies sind die sog. fremdkontrollierten Anreize, deren Verhaltensankopplung in unterschiedlicher Weise präzisiert sein kann, von einem explizit ausgearbeiteten Regelwerk bis hin zu dem unbewussten Wunsch, anderen Personen zu gefallen bzw. sie zu beeindrucken. Die fremdkontrollierten Anreize können dabei auf zweierlei Art an die Aktivität gebunden sein: zum Einen an die Ausführung der Zielaktivität – im schulischen Kontext beispielsweise die Belohnung für die Bearbeitung der Hausaufgaben – und zum Anderen an die erzielten positiven Ergebnisse – zum Beispiel die zuvor vereinbarte Anerkennung für das Erreichen einer guten Note in einer Klassenarbeit. Die Fremdkontrolle eines Verhaltens über fremdkontrollierte Anreize ist insbesondere für die pädagogische Verhaltensmodifikation interessant, wenngleich auch nicht unumstritten (Rost & Schilling, 2006).

4.3.2 Theoretische Einordnung

Aus theoretischer Sicht können fremdkontrollierte Anreize in der Selbstbestimmungstheorie der Motivation (Deci & Ryan, 2000) verortet werden (Rheinberg, 2004). Entlang eines Selbstbestimmungskontinuums, welches durch Prozesse der zunehmenden Internalisierung und Integration gekennzeichnet ist, unterscheidet die Selbstbestimmungstheorie verschiedene Formen der Motivation. Jede dieser Motivationsformen ist mit unterschiedlichen Regulationsprozessen im Hinblick auf die Ausführung einer Handlung sowie mit unterschiedlichen Konsequenzen bezüglich des Lernens und Leistens einer Person und ihrem individuellen Wohlbefinden verbunden (Ryan & Deci, 2000a, b). Die Selbstbestimmungstheorie differenziert auf der Grundlage des Kontinuums zunehmender Selbstbestimmung zwischen den drei Motivationsformen Amotivation, extrinsische Motivation und intrinsische Motivation (s. Abb. 5). Amotivation wird als Zustand beschrieben, in welchem die Intention zu handeln fehlt, d.h. eine Person führt entweder keine Handlung aus oder tut dies ohne Ziel. Intrinsische Motivation hingegen wird definiert als „the inherent tendency to seek out novelty and challenges, to extend and exercise one's capacities, to explore, and to learn" (Ryan & Deci, 2000b, S. 70). Im Bereich der extrinsischen Motivation werden vier in zunehmendem Maße selbstregulierte Arten extrinsischer Motivation beschrieben, von der external regulierten Form der extrinsischen Motivation hin zu einer durch integrierte Regulation bestimmte Form der extrinsischen Motivation. Handlungen, die auf der Basis external regulierter extrinsischer Motivation ausgeführt werden, dienen der Befriedigung einer externalen Anforderung oder dem Erhalt einer external in Aussicht gestellten Belohnung bzw. der Abwehr einer externalen Bestrafung (Deci & Ryan, 2000; Ryan & Deci, 2000a). Fremdkontrollierte Anreize können dementsprechend im Kontext der Selbstbestimmungstheorie auf dieser ersten Stufe der extrinsischen Motivation verankert werden (Rheinberg, 2004).

Die Postulate und Implikationen der Selbstbestimmungstheorie wurden inzwischen auf verschiedene soziale und kulturelle Kontexte sowie unterschiedliche Lebensbereiche und Zielverhaltensweisen übertragen und untersucht (z.B. Chirkov & Ryan, 2001; Chirkov, Ryan & Willness, 2005; Gagné & Deci, 2005; Haciwara & Sakurai, 2008; Niemiec, Lynch, Vansteenkiste, Bernstein, Deci & Ryan, 2006; Reeve, Ryan, Deci & Jang, 2008; Williams, McGregor, Sharp, Levesque, Kouides, Ryan & Deci, 2006; Vansteenkiste, Timmermans, Lens, Soenens & Van den Broeck, 2008).

Verhalten	*Nicht selbstbestimmt*					*Selbstbestimmt*
Art der Motivation	**Amotivation**	**Extrinsische Motivation**				**Intrinsische Motivation**
Art der Regulation	Keine Regulation	Externale Regulation	Introjizierte Regulation	Identifizierte Regulation	Integrierte Regulation	Intrinsische Regulation
Entstehungsort	Unpersönlich	External	Einigermaßen external	Einigermaßen internal	Internal	Internal

Abbildung 5. Das Selbstbestimmungskontinuum (mod. nach Deci & Ryan, 2000, S. 237)

4.3.3 Entwicklung der Motivation über fremdkontrollierte Anreize

Die Entwicklung der Motivation über fremdkontrollierte Anreize ist bisher im deutschen Sprachraum nur wenig erforscht; die Forschungsergebnisse zu dieser Thematik wurden im Rahmen der Forschungsarbeiten zu den im nachfolgenden Kapitel (Kap. 4.3.4) erläuterten Fragebögen *Fragebogen zur Lernmotivation* (FLZ; Wild & Krapp, 1996) und *Potsdamer Motivationsinventar* (PMI; Rheinberg & Wendland, 2002) vorgelegt und beziehen sich aus diesem Grund nur auf die Sekundarstufe. Es wurden bislang zwei Entwicklungsverläufe aufgedeckt: Zum Einen ist die Motivation über fremdkontrollierte Anreize in den Klassenstufen 5 und 6 im Durchschnitt höher ausgeprägt als in den Klassenstufen 8 und 9; zum Anderen zeigt sich eine abnehmende Bedeutung der Motivation über fremdkontrollierte Anreize im Laufe eines Schuljahres. Beachtenswert ist darüber hinaus, dass es aber auch im späteren Jugendalter noch genügend Jugendliche gibt, für welche die sozialen Lernanreize bedeutsam sind. Detailanalysen lassen darauf schließen, dass dies eher die Schüler im unteren Leistungsbereich sind (Rheinberg, 2004).

4.3.4 Erfassung der Motivation über fremdkontrollierte Anreize

Im deutschen Sprachraum liegen zur Erfassung der Motivation über fremdkontrollierte Anreize bislang nur äußerst wenige Möglichkeiten vor (Rheinberg, 2004). Eigenständige Verfahren zur Erhebung von Fremdbewertungsanreizen existieren nicht; zwei Verfahren zur Erfassung der Lernmotivation beinhalten jedoch Subskalen zur Erfassung fremdkontrollierter Anreize. Ein Verfahren stellt der *Fragebogen zur Lernmotivation* (FLZ; Wild & Krapp, 1996) dar, welcher der Erhebung der Lernmotivation in der beruflichen Erstausbildung dient. Er wurde durch eine teilweise Übersetzung der englischen Version der Echelle de Motivation en Education, der Academic Motivation Scale (Vallerand, Pelletier, Blais, Brière, Senécal & Vallières, 1992), welche auf der Selbstbestimmungstheorie basiert, und einer Kombination dieser Items mit Items aus anderen Skalen gebildet. Der FLZ enthält drei Subskalen, die sich auf die Bereitschaft der lernenden Person beziehen, sein Verhalten an den Erwartungen der Eltern, Lehrer und Mitschüler auszurichten. Allerdings ist dieser Fragebogen noch nicht veröffentlicht; nähere Angaben dazu können Rheinberg (2004) entnommen werden. Eine möglichst ökonomische Erfassung der Orientierung an fremdkontrollierten Anreizen ermöglicht die Kurzskala Folgenanreiz Fremdbewertung (FB) aus dem *Potsdamer Motivationsinventar* (PMI; Rheinberg & Wendland, 2002), welche aus frei formulierten Äußerungen von Schülern zur eigenen Lernmotivation zusammengestellt wurde. Auch diese Skala ist noch nicht publiziert; eine ausführliche Darstellung hierzu folgt in Abschnitt 6.2.4.

5 Ableitung der Hypothesen

5.1 Zusammenfassung des Forschungsstandes

Die Prädiktoren schulischer Leistungen sind ein bedeutsamer Forschungsgegenstand der Pädagogischen Psychologie. Bei der wissenschaftlichen Bearbeitung dieser Thematik müssen verschiedene Aspekte bedacht werden. Ein prinzipielles Problem betrifft beispielsweise die Bestimmung und Operationalisierung des Begriffs der Schulleistung. Wie in Kapitel 2 herausgearbeitet wurde, steht im aktuellen Bildungssystem trotz verschiedener Kritikpunkte der Produktcharakter der Schulleistung, operationalisiert über die Indikatorvariable Zensuren bzw. Schulnoten, im Vordergrund (Bartnitzky, 2004; Tent, 2006b). Ein weiteres Problem bei der Erforschung der Prädiktion der Schulleistung stellt das komplexe Bedingungsgefüge schulischer Leistungen dar. In den frühen Modellen schulischen Lernens wurde der Fokus zumeist nur auf wenige Prädiktorvariablen schulischer Leistungen gelegt; aktuelle Modelle wie zum Beispiel das Makro-Modell der Bedingungsfaktoren schulischer Leistungen von Helmke und Schrader (2006) berücksichtigen viele verschiedene Variablen, ausgehend vom soziokulturellen Hintergrund über die Prozessmerkmale des Unterrichts und des elterlichen Erziehungsverhaltens bis hin zu den Persönlichkeitsmerkmalen des Kindes (vgl. Abschnitt 3.2).

Studien zur Prädiktion schulischer Leistungen konzentrieren sich aufgrund dieser Komplexität überwiegend auf einzelne Variablen bzw. Variablengruppen, zum Beispiel kognitive und motivationale Variablen oder verschiedene Indikatoren des Elternverhaltens in schulleistungsrelevanten Kontexten. Als bester Einzelprädiktor schulischer Leistungen ist die Intelligenz empirisch gut abgesichert; die Angaben zur Höhe des korrelativen Zusammenhangs zwischen Intelligenz und Schulleistung variieren in Abhängigkeit einzelner Variablen wie Alter, Geschlecht und Schulfach von $r = .30$ bis zu $r = .60$ (Gustafsson & Undheim, 1996; Heller, 1997; Helmke, 1997). Aktuelle Studien aus dem internationalen Raum verweisen auf die Überlegenheit der allgemeinen Intelligenz gegenüber spezifischen kognitiven Fähigkeiten als Prädiktorvariable für schulische Leistungen. Ebenso wurde die kausale Wirkung der Intelligenz auf nachfolgende Schulleistungen belegt (vgl. Abschnitt 3.3.1).

Die kognitive Leistungsfähigkeit eines Kindes stellt zwar einen notwendigen, aber nicht hinreichenden Bedingungsfaktor für schulische Leistungen dar. Neuere Studien zeigen für einzelne motivationale Variablen moderate Korrelationen mit schulischen Leistungen, vor allem für Mathematik. Aus dem Spektrum der motivationalen Variablen wurde für das Grundschulalter insbesondere das Fähigkeitsselbstkonzept erforscht; in der SCHOLASTK-Studie konnte die diskriminante Validität bestätigt werden (vgl. Abschnitt 3.3.2). Ein substantieller Anteil der Schulleistungsvarianz kann darüber hinaus nur durch kognitive und motivationale Prädiktoren gemeinsam aufgeklärt werden (Spinath et al., 2006). Neben den individuellen Prädiktoren tragen in geringerem Umfang die familiären Faktoren und Variablen der schulischen Lernumwelt zur Prädiktion schulischer Leistungen bei (vgl. Abschnitte 3.4 und 3.5).

Die Entscheidung für eine bestimmte Prädiktorvariable muss unter Berücksichtigung verschiedener Gesichtspunkte erfolgen. Beispielsweise sind bei der Auswahl eines geeigneten Indikators für die kognitive Leistungsfähigkeit eines Kindes mehrere Aspekte zu beachten: Will man nur die allgemeine intellektuelle Leistungsfähigkeit erfassen oder ebenso spezifische kognitive Fähigkeitsbereiche (Holling et al., 2004)? Für welche Altersgruppe ist ein Testverfahren normiert, und wie aktuell sind diese Normen (Baving & Schmidt, 2000; Esser, 2003)? Letztere Frage ist auch bei der Entscheidung für ein Verfahren zur Erhebung motivationaler Variablen bedeutend, denn für Kinder im Grundschulalter existiert zum Beispiel im deutschen Sprachraum für das Konstrukt des Fähigkeitsselbstkonzepts kein normiertes, aktuelles Verfahren, das flächendeckend für die Klassen 1 bis 4 – die im Rahmen der vorliegenden Untersuchung interessierende Population – eingesetzt werden kann (vgl. Abschnitt 4.2). Ebenso muss die Auswahl eines Indikators für die schulische Leistung, die Kriteriumsvariable, durchdacht werden. Zensuren sind zwar mit verschiedenen Kritikpunkten – zum Beispiel im Hinblick auf ihre Objektivität – behaftet (vgl. Abschnitt 2.2.4), im Vergleich zu Schulleistungstests zeichnen sie sich aber durch eine höhere ökologische Validität aus. Zudem stellen sie im aktuellen Bildungssystem die Indikatorvariable für schulische Leistungen dar und werden als solche auch explizit den Schülern mitgeteilt (Renkl, Helmke & Schrader, 1997). Zensuren werden daher von Schülern als bedeutende Informationsquelle für ihr Selbstkonzept genutzt – auch schon am Schulanfang, wenn die Zensuren in Form von verbalen Leistungsbeurteilungen gegeben werden (Kammermeyer & Martschinke, 2003).

5.2 Formulierung der Forschungshypothesen

Auf der Basis der vorgestellten Forschungslage stehen in der vorliegenden Studie folgende Fragestellungen im Mittelpunkt:

1. *Welche Zusammenhänge bestehen zwischen den Intelligenz- und Schulleistungsindikatoren? Wie stabil erweisen sich die erfassten Intelligenz- und Schulleistungsindikatoren?*

Diese Fragen mögen zwar trivial erscheinen, sie verfolgen jedoch das Ziel, die bekannten Zusammenhänge für die vorliegende Grundschulstichprobe zu bestätigen und damit die weiteren Ergebnisse abzusichern.

2. *Welchen Einfluss hat die Motivation neben der Intelligenz auf die schulische Leistung?*

An dieser Stelle soll der aktuelle internationale Forschungsstand auf den deutschen Raum übertragen und erweitert werden, indem das schulische Fähigkeitsselbstkonzept über drei verschiedene Facetten operationalisiert und für den Bereich der mathematischen Schulleistung zudem die Motivation über fremdkontrollierte Anreize berücksichtigt wird.

3. *Zeigen sich bei der Untersuchung eines Schulleistungsmodells, welches als Prädiktoren die Intelligenz und zentrale soziodemographische Variablen berücksichtigt, Unterschiede bezüglich des Alters?*

Korrelative Forschungsergebnisse werden durch diese Fragestellung explizit im Rahmen eines Pfadmodells getrennt für zwei unterschiedliche Altergruppen untersucht.

Ausgehend von den aufgeführten übergeordneten Fragestellungen ist die vorliegende Studie als kombinierte Längs- und Querschnittstudie konzipiert. Zudem werden zwei unterschiedliche Altersgruppen eingebunden: Stichprobe I setzt sich aus Grundschulkindern, die hauptsächlich interessierende Population dieser Studie, zusammen. Für diese Stichprobe liegen Längsschnitt- und Querschnittdaten vor. Stichprobe II umfasst Sekundarstufenschüler; für diese Schülergruppe liegen Querschnittdaten vor.

Gemäß dem dargestellten Fragenkomplex werden als Prädiktorvariablen schulischer Leistungen die Intelligenz und die Motivation erfasst. Zusätzlich werden verschiedene soziodemographische Merkmale – der schulische Bildungsabschluss der Mutter, der schulische Bildungsabschluss des Vaters und die Anzahl der Geschwisterkinder – berücksichtigt. Die Operationalisierung der Intelligenz erfolgt anhand der fünf über den Hamburg-Wechsler-Intelligenztest für Kinder – IV (HAWIK-IV; Petermann & Petermann, 2007), dem aktuellsten mehrdimensionalen Intelligenztest im deutschsprachigen Raum, ermittelten Intelligenztestwerte Sprachverständnis, Wahrnehmungsgebundenes Logisches Denken, Arbeitsgedächtnis, Verarbeitungsgeschwindigkeit und Gesamt-Intelligenzquotient. Dadurch kann sowohl die allgemeine kognitive Leistungsfähigkeit – über den Gesamt-Intelligenzquoptienten – als auch spezifische kognitive Teilleistungsbereiche – über die vier genannten Index-Werte – erhoben werden. Die Operationalisierung der Motivation erfolgt einerseits über das standardisierte Interview zur Erfassung des Fähigkeitsselbstkonzepts in drei bereichsspezifischen Versionen von Helmke (1998), andererseits wird zusätzlich die mathematikspezifische Motivation über fremdkontrollierte Anreize anhand der Kurzskala Folgenanreiz Fremdbewertungsfolgen (FB; Rheinberg, 2004) aus dem Potsdamer Motivationsinventar (PMI; Rheinberg & Wendland, 2002) erfasst. Dieses Erhebungsinstrument wird nur für den Bereich der mathematischen Schulleistungen eingesetzt, denn für diesen Bereich der schulischen Leistungen haben sich motivationale Variablen als besonders bedeutsam erwiesen (Aunola et al., 2006; De Corte et al., 2008). Es erscheint daher sinnvoll, den Beitrag der Motivation an der Varianzaufklärung mathematischer Schulleistungen über zwei verschiedene motivationale Variablen zu erfassen (Spinath et al., 2006). Die Schulleistung wird über die Zensuren in Deutsch und Mathematik operationalisiert. Im Folgenden werden zunächst die einzelnen spezifischen Fragestellungen und im Anschluss die daraus abgeleiteten Hypothesen aufgeführt.

5.2.1 Zusammenhang von Intelligenz und Schulleistung

Theoriegeleitet werden statistisch signifikant positive Korrelationskoeffizienten zwischen der allgemeinen Intelligenz und der Schulleistung wie auch zwischen spezifischen kognitiven Teilleistungsbereichen und der Schulleistung erwartet (vgl. Abschnitt 3.3.2). Es ergibt sich somit diese Fragestellung:

- *Besteht zwischen den über den HAWIK-IV ermittelten Intelligenztestwerten und den Schulzensuren in Mathematik und Deutsch im Grundschulalter ein statistisch signifikant positiver Zusammenhang?*

H 1:	Die Korrelationen zwischen dem Gesamt-Intelligenzquotienten und den Schulzensuren sind zum ersten Testzeitpunkt signifikant positiv.
H 2:	Die Korrelationen zwischen den Index-Werten und den Schulzensuren sind zum ersten Testzeitpunkt signifikant positiv.
H 3:	Die Korrelationen zwischen dem Gesamt-Intelligenzquotienten und den Schulzensuren sind zum zweiten Testzeitpunkt signifikant positiv.
H 4:	Die Korrelationen zwischen den Index-Werten und den Schulzensuren sind zum zweiten Testzeitpunkt signifikant positiv.

5.2.2 Stabilität von Intelligenz und Schulleistung

Intelligenz gilt als ein sehr stabiles Persönlichkeitsmerkmal (vgl. Kap. 4.3.1). Für die über den HAWIK-IV gewonnenen Intelligenztestwerte werden theoriegeleitet für die Index-Werte Retest-Reliabilitäten ab r = .84 und für den Gesamt-Intelligenzquotienten ab r = .96 erwartet (Petermann & Petermann, 2007, S. 115). Schulleistungen sind im Grundschulalter ein relativ stabiles Merkmal; hier werden für die einzelnen Leistungen in Mathematik und Deutsch Retest-Reliabilitäten ab r = .08 erwartet (vgl. Abschnitt 2.2.4). Auf dieser Grundlage können folgende Fragestellungen formuliert werden:

- *Wie stabil erweisen sich die über den HAWIK-IV gewonnenen Intelligenztestwerte in der vorliegenden Stichprobe?*
- *Welche Stabilität zeigt sich für die Schulleistungen in Mathematik und Deutsch im Grundschulalter in der vorliegenden Stichprobe?*

H 5:	Zwischen der zum ersten Testzeitpunkt erhobenen Intelligenztestleistung und der zum zweiten Testzeitpunkt erhobenen entsprechenden Intelligenztestleistung besteht ein signifikant positiver Zusammenhang.
H 6:	Zwischen der zum ersten Testzeitpunkt erfassten Schulleistung und der zum zweiten Testzeitpunkt erfassten korrespondierenden Schulleistung besteht ein signifikant positiver Zusammenhang.

5.2.3 Aufklärung der Schulleistungsvarianz durch Intelligenz und Motivation

Die Querschnittuntersuchung verfolgt vorrangig das Ziel, die Aufklärung der Schulleistungsvarianz im Grundschulalter zu beleuchten. Es werden Daten zur Intelligenz, Motivation und Schulleistung erhoben. Die diskriminante Validität der motivationalen Variablen wurde verschiedentlich bestätigt; ein Fokus wurde dabei auf die Erforschung des schulischen Fähigkeitsselbstkonzepts gelegt (vgl. Kap. 3.3.3). Die Angaben zur Höhe des korrelativen Zusammenhangs zwischen Fähigkeitsselbstkonzept und schulischer Leistung schwanken zwischen r = .21 (Hansford & Hattie, 1982) und r = .57 (Marsh, 1992a). Für den deutschen Sprachraum liegen für das Grundschulalter bislang allerdings nur Ergebnisse aus der SCHOLASTIK-Studie vor, in welcher die Schulleistung über Schulleistungstests erfasst wurde (Helmke, 1997). Darüber hinaus wurde nachgewiesen, dass bis zu 30% der aufgeklärten Schulleistungsvarianz nur durch kognitive und motivationale Variablen gemeinsam erklärt werden kann, wobei die kognitive Leistungsfähigkeit an dieser Stelle ausschließlich über die fluide Intelligenz bestimmt wurde (Helmke, 1997). Studien zur Aufklärung der Schulleistungsvarianz, in welchen die allgemeine kognitive Leistungsfähigkeit eingesetzt wird, fehlen bislang. Ausgehend von dieser Forschungslage ergeben sich diese Fragestellungen:

- *Wie hoch ist der Zusammenhang zwischen den bereichsspezifischen Fähigkeitsselbstkonzepten und den entsprechenden Schulzensuren in Mathematik und Deutsch im Grundschulalter?*
- *Welchen Beitrag leisten die allgemeine kognitive Leistungsfähigkeit und motivationale Variablen bei der Aufklärung der Schulleistungsvarianz in Mathematik und Deutsch im Grundschulalter?*
- *Wie hoch ist der Anteil der aufgeklärten Schulleistungsvarianz in Mathematik und Deutsch, der nur gemeinsam durch die allgemeine kognitive Leistungsfähigkeit und motivationale Variablen erklärt werden kann?*

H 7: Zwischen dem Fähigkeitsselbstkonzept Mathematik und der Schulleistung in Mathematik besteht ein signifikant positiver Zusammenhang.

Explorativ soll der korrelative Zusammenhang zwischen den Indikatoren der mathematikspezifischen Motivation über fremdkontrollierte Anreize und der mathematischen Schulleistung überprüft werden.

H 8: Zwischen dem Fähigkeitsselbstkonzept Schreiben und der Schulleistung in Deutsch besteht ein signifikant positiver Zusammenhang.

H 9: Zwischen dem Fähigkeitsselbstkonzept Lesen und der Schulleistung in Deutsch besteht ein signifikant positiver Zusammenhang.

H 10: Der Gesamt-Intelligenzquotient und das Fähigkeitsselbstkonzept Mathematik tragen signifikant zur Aufklärung der Schulleistungsvarianz in Mathematik bei.

Explorativ soll überprüft werden, ob die mathematikspezifische Motivation über fremdkontrollierte Anreize neben dem Gesamt-Intelligenzquotient als einzige motivationale Variable und zusammen mit dem Fähigkeitsselbstkonzept Mathematik zur Aufklärung der Schulleistungsvarianz in Mathematik beiträgt.

H 11: Der Gesamt-Intelligenzquotient und das Fähigkeitsselbstkonzept Schreiben tragen signifikant zur Aufklärung der Schulleistungsvarianz in Deutsch bei.

H 12: Der Gesamt-Intelligenzquotient und das Fähigkeitsselbstkonzept Lesen tragen signifikant zur Aufklärung der Schulleistungsvarianz in Deutsch bei.

H 13: Ein Teil der durch den Gesamt-Intelligenzquotienten und das Fähigkeitsselbstkonzept Mathematik erklärten Varianz der Schulleistung in Mathematik kann nur gemeinsam durch den Gesamt-Intelligenzquotienten und das Fähigkeitsselbstkonzept Mathematik aufgeklärt werden.

Explorativ soll untersucht werden, ob sich ein Teil der jeweils durch die Motivation über fremdkontrollierte Anreize und den Gesamt-Intelligenzquotienten erklärten Varianz der mathematischen Schulleistung nur gemeinsam durch die Motivation über fremdkontrollierte Anreize und den Gesamt-Intelligenzquotienten aufklären lässt.

H 14: Ein Teil der erklärten Varianz der Schulleistung in Deutsch kann nur gemeinsam durch den Gesamt-Intelligenzquotienten und das Fähigkeitsselbstkonzept Schreiben aufgeklärt werden.

H 15: Ein Teil der erklärten Varianz der Schulleistung in Deutsch kann nur gemeinsam durch den Gesamt-Intelligenzquotienten und das Fähigkeitsselbstkonzept Lesen aufgeklärt werden.

5.2.4 Schulleistungsmodell unter Berücksichtigung von soziodemographischen Variablen in zwei verschiedenen Altersgruppen

In aktuellen Schulleistungsmodellen werden soziodemographische Variablen als distale Prädiktoren schulischer Leistung berücksichtigt (vgl. zum Beispiel Helmke & Schrader, 2006). Ebenso zeigte sich in den PISA-Studien und in IGLU ein im internationalen Vergleich nennenswerter Zusammenhang zwischen dem sozialen Hintergrund eines Schülers und seiner schulischen Leistung (vgl. Abschnitt 3.4.2). In Anlehnung an Helmke und Schrader (2006) wird daher das in Abbildung 6 veranschaulichte Pfadmodell formuliert. Die Aufstellung dieses Modells, welches drei verschiedene Variablen – Schulleistung, Intelligenz und soziodemographische Merkmale – beachtet, erfolgt in der vorliegenden Arbeit theoriegeleitet aufgrund der angestrebten Stichprobengröße von n = 100 für das Grundschulalter (vgl. Backhaus et al., 2008). Die Auswahl der beiden aufgeführten Prädiktoren ist vor dem Hintergrund ihrer in den Abschnitten 3.3.2 und 3.4.2 erörterten Bedeutsamkeit für die Schulleistung der Tatsache geschuldet, dass bislang keine Studie vorliegt, die das dargestellte Zusammenhangsmodell explizit für zwei unterschiedliche Altersgruppen, das Grundschulalter und das Sekundarstufenalter, untersucht.

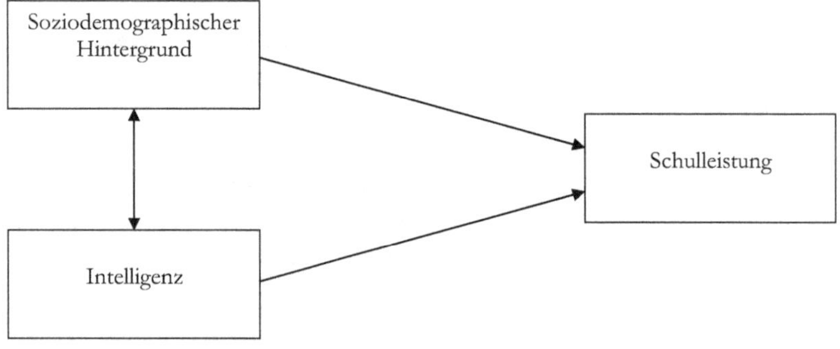

Abbildung 6. Schulleistungsmodell

Ausgehend von der Forschungslage wird für beide Altersgruppen ein positiver Einfluss der Intelligenz auf die Schulleistung erwartet (vgl. Abschnitt 3.3.2). Hinsichtlich des Zusammenhangs zwischen den soziodemographischen Merkmalen und der Schulleistung existieren uneinheitliche Befunde aus dem internationalen Raum; für den deutschen Sprachraum werden jedoch in den beschriebenen Schulleistungsstudien positive Zusammenhänge berichtet, die zudem vom Ende der Grundschule bis zum fünfzehnten Lebensjahr hin zunehmen (vgl. Abschnitt 3.4.2). Daraus schlussfolgernd wird erwartet, dass für beide Altergruppen ein positiver Einfluss der soziodemographischen Merkmale auf die Schulleistung zu verzeichnen ist, wobei der Einfluss in der Sekundarstufe größer ausfällt. Zwischen den soziodemographischen Merkmalen und der Intelligenz werden ebenfalls positive Zusammenhangswerte erwartet (vgl. Abschnitt 3.4.2). Es wird folgende Fragestellung formuliert:

- *Ergeben sich für das formulierte Pfadmodell unterschiedliche Zusammenhänge in den zwei untersuchten Altersgruppen?*

H 16:	Die Intelligenz übt einen positiven Effekt auf die Schulleistung im Grundschulalter aus.
H 17:	Der soziodemographische Hintergrund übt einen positiven Effekt auf die Schulleistung im Grundschulalter aus.
H 18:	Die Intelligenz übt einen positiven Effekt auf die Schulleistung im Sekundarstufenalter aus.
H 19:	Der soziodemographische Hintergrund übt einen positiven Effekt auf die Schulleistung im Sekundarstufenalter aus.

II. EMPIRISCHER TEIL

6 Methodik

6.1 Studiendesign

Die vorliegende Studie entstand im Rahmen des Projekts „Bearbeitung und Normierung der WISC-IV (HAWIK-IV)“ unter der Leitung von Prof. Dr. Franz Petermann am Zentrum für Klinische Psychologie und Rehabilitation an der Universität Bremen. Die Studie kombiniert ein Längsschnitt- und ein Querschnittdesign. Die vornehmlich interessierende Population der vorliegenden Studie sind Grundschulkinder (Stichprobe I). Im Längsschnitt werden Intelligenztestwerte und Schulleistungen in Deutsch und Mathematik von Grundschülern zu zwei Testzeitpunkten erfasst. Zum zweiten Testzeitpunkt werden zusätzlich Daten zu motivationalen Variablen erhoben. Darüber hinaus werden zum ersten Testzeitpunkt Intelligenztestwerte und Schulleistungen in Deutsch und Mathematik von Schülern der Sekundarstufe erhoben (Stichprobe II). Das Studiendesign sowie die zu den Testzeitpunkten eingesetzten Erhebungsverfahren werden nachfolgend veranschaulicht (s. Tab. 9).

Tabelle 9. Übersicht über das Studiendesign

	1. Testzeitpunkt	**2. Testzeitpunkt**
Grundschüler (Altersgruppen 6-10 Jahre)	Elternfragebogen; HAWIK-IV; Zensuren in Mathematik und Deutsch	HAWIK-IV; 3 bereichsspezifische Fähigkeitsselbstkonzepte; Motivation über fremdkontrollierte Anreize; Zensuren in Mathematik und Deutsch
Sekundarstufenschüler (Altersgruppen 11-15 Jahre)	Elternfragebogen; HAWIK-IV; Zensuren in Mathematik und Deutsch	

6.2 Erhebungsverfahren

6.2.1 Elternfragebogen

Mithilfe eines Elternfragebogens werden Angaben zur Muttersprache und zur Geschwisteranzahl des Kindes erhoben. Zusätzlich werden der Familienstand und der formale Bildungsabschluss beider Elternteile erfasst.

6.2.2 Hamburg-Wechsler-Intelligenztest für Kinder – IV

Der Hamburg-Wechsler-Intelligenztest für Kinder – IV (HAWIK-IV; Petermann & Petermann, 2007) ist ein mehrdimensionaler Individualtest zur Erfassung kognitiver Fähigkeiten von Kindern und Jugendlichen im Alter von 6;0 bis 16;11 Jahren. Der HAWIK-IV stellt die deutschsprachige Adaptation der amerikanischen *Wechsler Intelligence Scale for Children – Fourth Edition* (WISC-IV; Wechsler, 2003a, b) dar und beruht auf einer umfassenden Überarbeitung der *Wechsler Intelligence Scale for Children – Third Edition* (WISC-III; Wechsler, 1991) bzw. des *Hamburg-Wechsler-Intelligenztests für Kinder – Dritte Auflage* (HAWIK-III; Tewes, Rossmann & Schallberger, 1999). Das dem HAWIK-IV zugrunde liegende Intelligenzkonzept postuliert, dass „Intelligenz einerseits ein *globales* Konstrukt darstellt, weil sie das Verhalten eines Individuums als Ganzes bestimmt, und dass sie andererseits als *spezifisch* dargestellt werden kann, weil Intelligenz aus Faktoren zusammengesetzt ist, in denen sich Individuen unterscheiden" (Petermann & Petermann, 2007, S. 21). Dementsprechend bildet der HAWIK-IV die kognitiven Fähigkeiten eines Kindes anhand von vier Index-Werten – Sprachverständnis, Wahrnehmungsgebundenes Logisches Denken, Arbeitsgedächtnis und Verarbeitungsgeschwindigkeit – und dem allgemeinen Intelligenzniveau, d.h. dem Gesamt-Intelligenzquotienten, ab (Petermann, 2006). Der Gesamt-IQ ist ein Maß für den kognitiven Entwicklungsstand eines Kindes bzw. Jugendlichen, die vier Index-Werte ermöglichen die Beurteilung verschiedener Teilbereiche der kognitiven Fähigkeiten. Der Index Sprachverständnis bezieht sich auf die sprachliche Begriffsbildung, sprachliches Schlussfolgern und erworbenes Wissen. Der Index Wahrnehmungsgebundenes Logisches Denken erfasst das logische Denken und die Wahrnehmungsorganisation. Die Aufmerksamkeit, die Konzentration und das Arbeitsgedächtnis werden durch den Index Arbeitsgedächtnis abgebildet, und der Index Verarbeitungsgeschwindigkeit gibt über die Geschwindigkeit der mentalen und graphomotorischen Verarbeitung Auskunft. Für eine möglichst detailierte Beurteilung der Leistung eines Kindes können zusätzlich zu den fünf beschriebenen IQ-Werten sieben Prozess-Werte berechnet werden (Daseking et al., 2007).

Der HAWIK-IV umfasst 15 Untertests, die in Kerntests und optionale Untertests unterteilt werden. Die zehn Kerntests sind zur Berechnung der Index-Werte und des Gesamt-IQ notwendig. Die fünf optionalen Untertests liefern zusätzliche Informationen und können in festgelegten Fällen einen Kerntest des gleichen Index ersetzen. Der Index Sprachverständnis setzt sich aus den Untertests Gemeinsamkeiten finden, Wortschatz-Test und Allgemeines Verständnis zusammen. Die Untertests Mosaik-Test, Bildkonzepte und Matrizen-Test bilden den Index Wahrnehmungsgebundenes Logisches Denken. Der Index Arbeitsgedächtnis wird aus den Untertests Zahlen nachsprechen und Buchstaben-Zahlen-Folgen berechnet, und die Untertests Zahlen-Symbol-Test und Symbol-Suche zählen zum Index Verarbeitungsgeschwindigkeit. Von den fünf optionalen Untertests werden die Untertests Allgemeines Wissen und Begriffe erkennen dem Index Sprachverständnis zugeordnet. Der Untertest Bilder ergänzen ist der optionale Untertest des Indes Wahrnehmungsgebundenes Logisches Denken, der Untertest Rechnerisches Denken wird zum Index Arbeitsgedächtnis gerechnet. Als optionaler Untertest des Index Verarbeitungsgeschwindigkeit dient der Durchstreich-Test (Petermann & Petermann, 2008).

Analog zur WISC-IV wurde zur Berechnung der Reliabilitäten die Split-Half-Methode mit Spearman-Brown-Korrektur herangezogen. Eine Ausnahme stellen die Untertests Zahlen-Symbol-Test, Symbol-Suche und Durchstreich-Test dar, für welche der Split-Half-Koeffizient ungeeignet ist und für die aus diesem Grund die Retest-Reliabilität bestimmt wurde. Die Reliabilitäten der Kerntests reichen von $r = .71$ bis zu $r = .94$, die Reliabilitäten der optionalen Untertests von $r = .69$ bis zu $r = .93$. Für die Index-Werte werden Reliabilitäten von $r = .84$ bis $r = .96$ angegeben, die Reliabilitäten des Gesamt-IQ liegen zwischen $r = .96$ und $r = .98$ mit einer mittleren Reliabilität von $r = .97$, welche exakt der mittleren Reliabilität der WISC-IV entspricht. Faktorenanalytische Studien belegen die Vier-Faktoren-Struktur des HAWIK-IV; die Bestimmung und Interpretation der vier Index-Werte als eigenständige Werte neben dem Gesamt-IQ ist somit empirisch abgesichert.

Der HAWIK-IV findet als ein psychologisch-pädagogisches Testverfahren insbesondere bei Fragestellungen aus dem Bereich der Klinischen Kinderpsychologie und der Sonderpädagogik Anwendung. In zunehmenden Maß wird er auch bei neuropsychologischen Untersuchungen eingesetzt (Daseking, Lipsius, Petermann & Waldmann, 2008; Holocher-Ertl, Kubinger & Hohensinn, 2008; Petermann & Petermann, 2008). Die Durchführung der Kerntests des HAWIK-IV dauert zwischen 65 und 90 Minuten; für die Durchführung der optionalen Untertests müssen zusätzlich 15 bis 20 Minuten eingerechnet werden.

6.2.3 Fähigkeitsselbstkonzept

Das Fähigkeitsselbstkonzept wird mangels eines für diese Altersgruppe der 6- bis 10-Jährigen normierten Testverfahrens über das von Helmke (1998) beschriebene standardisierte Interview erhoben (s. Kasten 5).

Im Rahmen dieses Interviews werden fünf gleichfarbige Mensch-Ärgere-Dich-Nicht-Figuren in einer Reihe ausgelegt, welche die Leistungsrangordnung innerhalb der Schulklasse des Kindes symbolisieren sollen. Die einzelnen Leistungspositionen werden vom Testleiter ausführlich erklärt. Das Kind wird nun aufgefordert, anhand einer sechsten andersfarbigen Mensch-Ärgere-Dich-Nicht-Figur seine Leistungsposition zu bestimmen. Dabei hat das Kind die Möglichkeit, seine Figur sowohl neben als auch zwischen und über die oberste bzw. unter die unterste Figur der bereits ausgelegten Reihe zu platzieren. Somit bestehen 11 Antwortkategorien: von 11 Punkten für die Position über der obersten Figur, 10 Punkte für die Position neben der obersten Figur über 6 Punkte neben der mittleren Figur bis zu 1 Punkt für die Position unter der untersten Figur. Anschließend werden vom Testleiter Kontrollfragen gestellt. Das sprachliche Fähigkeitsselbstkonzept wird differenziert für die Inhaltsbereiche Lesen und Schreiben erhoben. Dies hat sich für den Anfangsunterricht als sinnvoll erwiesen und soll daher in der vorliegenden Studie auf den gesamten Grundschulbereich übertragen werden (Kammermeyer & Martschinke, 2003).

Kasten 5. Standardisiertes Interview zur Erfassung des Fähigkeitsselbstkonzeptes (vgl. Helmke, 1998)

„Schau mal her, hier habe ich ein paar Figuren. Stell dir mal vor, dass das die Kinder aus deiner Klasse sind *(Die fünf grünen Figuren von oben nach unten in eine senkrechte Reihe legen, so dass Zwischenräume übrig bleiben, in die die rote Figur, die das Kind darstellt, hineinpasst.).*

Dieses Kind hier oben *(oberste Figur)* kann am besten von allen Kindern lesen/schreiben/rechnen. Dieses Kind hier *(zweite Figur von oben)* gehört zu den besten, aber es gibt welche *(auf oberste Figur zeigen)*, die sind noch besser. Dieses Kind hier unten *(auf unterste Figur zeigen)* kann am schlechtesten von allen lesen/schreiben/rechnen. Und dieses Kind hier *(auf zweitunterste Figur zeigen)* kann auch nicht so gut lesen/schreiben/rechnen, aber es gibt Kinder in der Klasse, die können es noch schlechter. Und was ist mit diesem Kind *(auf die mittlere Figur weisen)*? Wie gut kann dieses Kind lesen/schreiben/rechnen, verglichen mit den anderen? .... Ja, dieses Kind steht in der Mitte, einige in der Klasse sind besser, und einige sind auch schlechter. Und diese Figur *(rote Figur)*, das bist du. Jetzt zeig mir doch mal, wo du am besten hinpasst!"

Anschließend wird zu Verständniskontrolle nochmals gefragt: Wer sich an die ***Spitze*** *gelegt hat:* „Du bist also der Allerbeste von allen in der Klasse?" *Wer sich in die* ***Mitte*** *gelegt hat:* „Du bist also gerade in der Mitte, manche in der Klasse sind besser als du, und es gibt auch welche, die schlechter sind?" *Wer sich ans* ***Ende*** *gelegt hat:* „Du bist also der Schlechteste beim Lesen/Schreiben/Rechnen?"

6.2.4 Motivation über fremdkontrollierte Anreize

Die Erfassung der Motivation über fremdkontrollierte Anreize erfolgt anhand der *Kurzskala Fremdbewertung* aus dem Potsdamer Motivationsinventar (PMI; Rheinberg & Wendland, 2002). Diese Skala ermöglicht eine ökonomische Erhebung der Fremdbewertungsanreize; die einzelnen Fragen der Kurzskala sind in der mathematikspezifischen Version in Kasten 6 aufgeführt.

Kasten 6. Kurzskala zur Erfassung von Fremdbewertungsanreizen der Lernmotivation (Rheinberg & Wendland, 2001; zit. nach Rheinberg, 2004)

In Mathe viel zu können und gut zu sein ist für mich wichtig, …

- damit sich meine Eltern freuen. (Item 1)
- damit ich keinen Ärger mit meinen Eltern bekomme. (Item 2)
- damit ich von meinen Mitschülern geschätzt werde. (Item 3)
- damit ich Taschengeld bekomme. (Item 4)
- damit meine Mathematiklehrerin mit mir zufrieden ist. (Item 5)

Die fünf Items der Kurzskala werden auf einer fünffach gestuften Skala von (1) = „trifft nicht zu“ bis zu (5) = „trifft zu“ beantwortet. Die interne Konsistenz liegt für eine Stichprobe mit Sekundarstufenschülern bei Cronbachs α = .73 (Rheinberg & Wendland, 2002, S. 313). Die Durchführung dauert zwischen 10 und 20 Minuten.

6.2.5 Zensuren

Zu beiden Testzeitpunkten werden von den Klassenlehrern die Zensuren in Mathematik und Deutsch des letzten Halbjahreszeugnisses bzw. des letzten Jahreszeugnisses erfragt. Bei Kindern, welche die erste oder zweite Klassenstufe besuchen, werden die Klassenlehrer gebeten, die Schulleistungen dieser Schüler analog zu Schülern der Klassenstufen 3 und 4 anhand von Zensuren zu beurteilen, d.h. die Lehrerbeurteilungen, die in den ersten beiden Klassenstufen in Nordrhein-Westfalen als Berichtszeugnisse abgefasst werden, werden in Zensuren transformiert.

6.3 Datenerhebung

Die Datenerhebung erfolgte im Zeitraum von Mai 2005 bis Mai 2006 an Grundschulen und weiterführenden Schulen, d.h. Gymnasien, Haupt-, Real- und Gesamtschulen, in Nordrhein-Westfalen. In einem ersten Schritt wurden die Schulen postalisch befragt, ob sie an der Untersuchung teilnehmen möchten. Nach der Zusage der Schulen wurden einzelne Schüler per Zufallsprinzip ausgewählt. Im Anschluss wurden nach Einholung der zeitgleich mit dem Elternfragebogen ausgeteilten Einverständniserklärung der Eltern von Juni 2005 bis November 2005 die Testungen des ersten Erhebungszeitpunkts mit den Kindern der Altersgruppen sechs bis zehn Jahre an den Grundschulen durchgeführt; die Erhebungen des zweiten Erhebungszeitpunkts schlossen sich von Dezember 2005 bis Mai 2006 an. Das mittlere Retestintervall liegt bei 6,49 Monaten (*SD* = .670). Die einmaligen Testungen der Kinder und Jugendlichen der Altersgruppen 11 bis 16 Jahre an den weiterführenden Schulen wurden parallel von Mai 2005 bis Mai 2006 realisiert (s. Abb. 7).

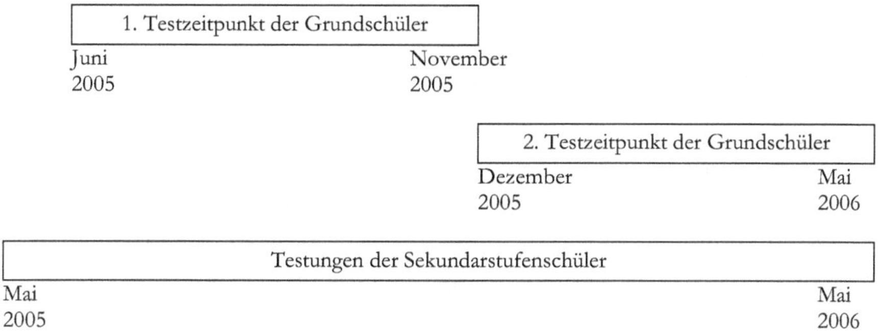

1. Testzeitpunkt der Grundschüler

Juni 2005 – November 2005

2. Testzeitpunkt der Grundschüler

Dezember 2005 – Mai 2006

Testungen der Sekundarstufenschüler

Mai 2005 – Mai 2006

Abbildung 7. Überblick über den zeitlichen Ablauf der Datenerhebung

Die Erhebung der Querschnittdaten zum zweiten Testzeitpunkt erfolgte stets in der gleichen Reihenfolge: Zunächst wurde der HAWIK-IV durchgeführt; im Anschluss wurde den Kindern der Fragebogen zur Motivation über fremdkontrollierte Anreize in der mathematikspezifischen Version vorgelegt; es folgte das standardisierte Interview zum Fähigkeitsselbstkonzept, welches insgesamt dreimal – für die Bereiche Rechnen, Lesen und Schreiben – durchgeführt wurde.

Zum ersten Testzeitpunkt wurden 102 Grundschulkinder getestet, zum zweiten Testzeitpunkt konnten nur noch 93 Kinder getestet werden. Dafür gab es mehrere Gründe: Zwei Kinder waren in der Zwischenzeit in eine andere Stadt gezogen; ein Kind wollte kein zweites Mal an den Testungen teilnehmen; sechs Kinder waren auf eine weiterführende Schule gewechselt und konnten dort nicht mehr getestet werden; gleichzeitig waren die Eltern dieser Kinder nicht bereit, die Testungen außerhalb der Schule durchführen zu lassen.

6.4 Statistische Methoden

Die statistische Datenauswertung erfolgt mit dem Statistikprogramm SPSS in der Version 17.0.

Die Zusammenhangshypothesen 1 bis 9 werden mit der Korrelationsrechnung geprüft (Bortz, 2005). Zur Prüfung der Hypothesen 10 bis 12, welche sich auf die Aufklärung der Schulleistungsvarianz durch mehrere unabhängige Variablen beziehen, wird die multiple Regressionsanalyse herangezogen (Bortz, 2005). Die Überprüfung der Hypothesen 13 bis 15 erfolgt anhand der Kommunalitätenanalyse. Diese Art der Rechnung ermöglicht es, die spezifischen und konfundierten Anteile von Prädiktorvariablen an der aufgeklärten Varianz einer Kriteriumsvariable zu ermitteln (Cohen, Cohen, West & Aiken, 2003; Helmke, 1992). Das Schema der Varianzzerlegung im vorliegenden Fall von zwei Prädiktorvariablen – Intelligenz und Motivation – im Rahmen der Kommunalitätenanalyse wird in Abbildung 8 illustriert: Die Fläche a bezeichnet den spezifischen Anteil der Prädiktorvariable Intelligenz an der aufgeklärten Schulleistungsvarianz, in analoger Weise beschreibt die Fläche b den spezifischen Anteil der Prädiktorvariable Motivation an der aufgeklärten Schulleistungsvarianz; die Fläche ab hingegen steht für den konfundierten Anteil an der aufgeklärten Schulleistungsvarianz, d.h. dieser Teil kann nur gemeinsam durch die beiden Prädiktorvariablen erklärt werden. Aus rechnerischer Sicht stellen a und b jeweils den quadrierten Semipartialkorrelationskoeffizienten dar; ab ensteht durch Abzug dieser beiden spezifischen Varianzanteile von der durch beide Prädiktorvariablen gemeinsam erklärten Kriteriumsvarianz.

Die Berechnung der Schulleistungsmodelle und damit einhergehend der Hypothesen 16 bis 19 erfolgt mit der Software AMOS 17.0 (vgl. Backhaus, Erichson, Plinke & Weiber, 2008).

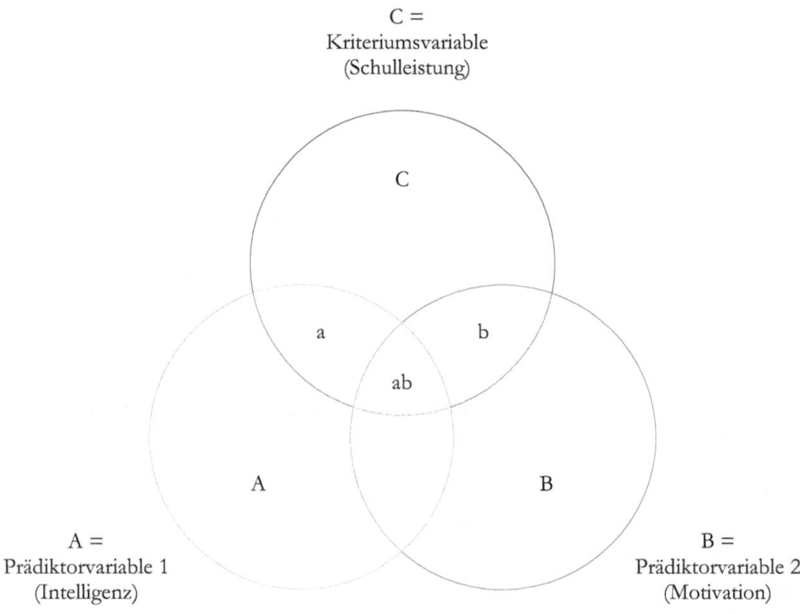

Abbildung 8. Varianzzerlegung durch die Kommunalitätenanalyse (mod. nach Helmke, 1992, S. 135)

Das Signifikanzniveau wird auf $\alpha = 0{,}05$ festgelegt. Bei Hypothesen mit multiplen Endpunkten wird eine α-Korrektur nach Holm (1979; zit. nach Bortz, 2005; Bortz & Lienert, 2003) vorgenommen, die im Vergleich zur Bonferoni-Korrektur weniger konservativ ist.

6.5 Stichprobenbeschreibung

Die Stichprobe der 93 *Grundschulkinder* besteht aus 47 Mädchen (50,5%) und 46 Jungen (49,5%). Dies ist ein ausgewogenes Geschlechterverhältnis und entspricht der Geschlechterverteilung an Grundschulen in Nordrhein-Westfalen (Landesamt für Datenverarbeitung und Statistik Nordrhein-Westfalen, 2007). Die Altersspanne der Kinder zum ersten Testzeitpunkt reicht von 6;1 bis zu 10;6 Jahren; das mittlere Alter beträgt zu diesem Erhebungszeitpunkt 7,92 Jahre ($SD = 1{,}361$). Alle Kinder besuchen zu beiden Erhebungszeitpunkten eine Grundschule.

87 (93,5%) Kinder sprechen von Geburt an deutsch. Sieben (7,5%) Kinder leben bei alleinerziehenden Müttern. Von den 93 Kindern haben 20 (21,5%) Kinder keine Geschwister, 50 (53,8%) Kinder haben ein Geschwisterkind, 15 (16,1%) haben zwei Geschwister und 8 (8,6%) Kinder haben drei oder mehr Geschwisterkinder. Von den 93 Müttern besitzen 3 (3,2%) Mütter keinen Schulabschluss, 10 (10,8%) Mütter haben einen Hauptschul- bzw. Volksschulabschluss, 40 (43,0 %) Mütter haben die Mittlere Reife, 10 (10,8%) Mütter besitzen die Fachhochschulreife und 30 (32,3%) Mütter die Allgemeine Hochschulreife. Von den Vätern haben 9 (9,7%) Väter keinen Schulabschluss, 17 (18,3%) Väter besitzen einen Hauptschul- bzw. Volksschulabschluss, 24 (25,8%) Väter haben die Mittlere Reife bestanden, 15 (16,1%) Väter verfügen über die Fachhochschulreife und 28 (30,1%) Väter über die Allgemeine Hochschulreife.

Die Stichprobe II der 168 *Sekundarstufenschüler* setzt sich aus 84 Mädchen und 84 Jungen zusammen. Dies stellt wiederum ein ausgewogenes Geschlechterverhältnis dar. Die im Vergleich zur Stichprobe der Grundschüler größere Probandenzahl wurde bewusst gewählt, um eine für das Bundesland Nordrhein-Westfalen möglichst repräsentative Stichprobenzusammensetzung hinsichtlich der Variablen Geschlecht, Schulform und geographische Lage zu erreichen. Die Jugendlichen sind zum Zeitpunkt der Testung zwischen 11;0 und 16;9 Jahre alt, mit einem mittleren Alter von 13,23 Jahren (SD = 1,586). Von den insgesamt 168 Sekundarstufenschülern besuchen 30 (17,9%) Jugendliche eine Hauptschule, 52 (31,0%) Jugendliche gehen auf eine Realschule und 53 (31,5%) Jugendliche besuchen ein Gymnasium. 33 (19,6%) Jugendliche sind auf einer Gesamtschule. Dies entspricht annäherungsweise der prozentualen Verteilung der Schülerinnen und Schüler der Sekundarstufe I auf die verschiedenen Schulformen in Nordrhein-Westfalen (Landesamt für Datenverarbeitung und Statistik, 2007).

Von Geburt an deutsch sprechen 155 (92,3%) Jugendliche. Von den 168 Jugendlichen leben 26 (15,5%) bei einem alleinerziehenden Elternteil. 37 (22,0%) Jugendliche haben keine Geschwisterkinder, 79 (47,0%) Jugendliche haben ein Geschwisterkind, zwei Geschwister haben 38 (22,6%) Jugendliche und 14 (8,4%) Jugendliche haben drei oder mehr Geschwister. Sieben (4,2%) Mütter verfügen über keinen Schulabschluss, 49 (29,2%) Mütter besitzen einen Hauptschul- bzw. Volksschulabschluss, 61 (36,3%) Mütter können einen Realschulabschluss nachweisen, 18 (10,7%) Mütter haben die Fachhochschulreife und 33 (19,6%) Mütter die Allgemeine Hochschulreife. Von den Vätern besitzen 27 (16,1%) Väter keinen Schulabschluss, 42 (25,0%) Väter haben einen Hauptschul- bzw. Volksschulabschluss, 38 (22,6%) Väter verfügen über die mittlere Reife, 18 (10,7%) Väter können die Fachhochschulreife und 43 (25,6%) Väter die Allgemeine Hochschulreife nachweisen.

7 Ergebnisse

7.1 Deskriptive Ergebnisse

7.1.1 Stichprobe der Grundschüler

Deskriptive Ergebnisse für die Intelligenztestwerte

Die deskriptiven Kennwerte der fünf Intelligenztestwerte zu beiden Testzeitpunkten sind in Tabelle 10 aufgeführt. Für die intervallskalierten Intelligenztestwerte werden der Mittelwert und die Standardabweichung berechnet (Bortz & Lienert, 2003). Zusätzlich werden die Schiefe und die Kurtosis berichtet (Hopkins & Weeks, 1990).

Tabelle 10. Deskriptive Kennwerte der Intelligenztestwerte für beide Testzeitpunkte

	Min	Max	MW	SD	S	K
	1. Testzeitpunkt					
SV	61	132	95.53	12.406	.254	.791
WLD	73	127	97.84	11.045	.018	-.366
AG	56	123	97.71	13.073	-.624	.526
VG	59	131	100.75	14.523	-.174	.217
G-IQ	69	123	96.71	11.486	-.110	-.056
	2. Testzeitpunkt					
SV	75	140	98.63	12.723	.581	.264
WLD	67	129	102.30	11.303	-.127	.306
AG	71	129	101.15	13.525	.148	-.281
VG	71	138	107.00	13.548	-.040	-.553
G-IQ	77	130	102.14	12.023	.071	-.556

Anmerkungen: Min: Minimum; Max: Maximum; MW: Mittelwert; SD: Standardabweichung; S: Schiefe; K: Kurtosis. SV: Sprachverständnis; WLD: Wahrnehmungsgebundenes Logisches Denken; AG: Arbeitsgedächtnis; VG: Verarbeitungsgeschwindigkeit; G-IQ: Gesamt-Intelligenzquotient

Aus Tabelle 10 wird ersichtlich, dass alle Mittelwerte der fünf Intelligenztestwerte vom ersten zum zweiten Testzeitpunkt ansteigen. Der Anstieg für den Gesamt-Intelligenzquotienten beträgt 5.43 Punkte. Von den vier Index-Werten hat der Index Sprachverständnis den geringsten Anstieg (3.10 Punkte) zu verzeichnen, gefolgt von den Indizes Arbeitsgedächtnis (3.44 Punkte) und Wahrnehmungsgebundenes Logisches Denken (4.46 Punkte). Der Index Verarbeitungsgeschwindigkeit weist mit 6.25 Punkten den höchsten Anstieg auf.

Überprüfung auf Geschlechterunterschiede

Eine Überprüfung auf signifikante Geschlechterunterschiede erfolgt für die Intelligenztestwerte anhand des t-Tests für unabhängige Stichproben (Bortz, 2005). Dieser Test liefert einen Nachweis darüber, ob sich zwei Stichproben hinsichtlich ihrer Mittelwerte signifikant unterscheiden (RRZN Hannover, 2002). Für den ersten Erhebungszeitpunkt können keine signifikanten Geschlechterunterschiede für die Indizes Sprachverständnis (p = .75) und Wahrnehmungsgebundenes Logisches Denken (p = .689) festgestellt werden, während die Indizes Arbeitsgedächtnis (p = .21) und Verarbeitungsgeschwindigkeit (p = .003) signifikante Geschlechterunterschiede zugunsten der Mädchen aufweisen. Für den zweiten Erhebungszeitpunkt zeigen sich keine signifikanten Geschlechterunterschiede für die Indizes Sprachverständnis (p = .920), Wahrnehmungsgebundenes Logisches Denken (p = .259) und Arbeitsgedächtnis (p = .126). Der Index Verarbeitungsgeschwindigkeit weist wiederum einen signifikanten Geschlechterunterschied zugunsten der Mädchen auf (p = .000). Für den Gesamt-Intelligenzquotienten kann für beide Erhebungszeitpunkte kein signifikanter Geschlechtereffekt (p = .056 zu beiden Messzeitpunkten) nachgewiesen werden.

Überprüfung auf Normalverteilung

Die Intelligenztestwerte beider Testzeitpunkte werden anhand des Kolmogorov-Smirnov-Anpassungstests, welcher Kardinaldaten voraussetzt (Bortz & Lienert, 2003), einer Prüfung auf Normalverteilung unterzogen. Die in Tabelle 11 abgebildeten Ergebnisse für die Gesamt-Intelligenzquotienten beider Testzeitpunkte verdeutlichen die Normalverteilung der Intelligenztestwerte. Die Ergebnisse für die vier Index-Werte beider Testzeitpunkte bestätigen ebenfalls die Normalverteilung (s. Tab. A1 und Tab. A2 im Anhang A).

Tabelle 11. Kolmogorov-Smirnov-Anpassungstest zur Überprüfung der Gesamt-Intelligenzquotienten auf Normalverteilung

		G-IQ_1	G-IQ_2
Parameter der NV [a, b]	*MW*	96.71	102.14
	SD	11.486	12.023
Extremste Differenzen	*Absolut*	.054	.054
	Positiv	.045	.054
	Negativ	-.054	-.042
Kolmogorov-Smirnov-Z		.517	.521
Asymptotische Signifikanz (2-seitig)		.952	.949

Anmerkungen: G-IQ_1: Gesamt-Intelligenzquotient zum ersten Testzeitpunkt; G-IQ_2: Gesamt-Intelligenzquotient zum zweiten Testzeitpunkt. NV: Normalverteilung; MW: Mittelwert; SD: Standardabweichung. [a] Die zu testende Verteilung ist eine Normalverteilung. [b] Aus den Daten berechnet.

Deskriptive Ergebnisse für die Zensuren

Die Schulnoten von (1) = „sehr gut“ bis (6) = „ungenügend“ haben Ordinalskalenniveau, daher wird für diese Werte als Lokalisationsparameter der Median angegeben (Lamberti, 2001; Zöfel, 2003). Wiederum werden die Schiefe und die Kurtosis aufgeführt (s. Tab. 12).

Tabelle 12. Deskriptive Kennwerte der Zensuren für beide Testzeitpunkte

	Min	Max	Median	SD	S	K
	1. Testzeitpunkt					
Mathematik	1.0	4.0	2.0	.859	.525	-.204
Deutsch	1.0	5.0	2.0	.874	.712	.312
	2. Testzeitpunkt					
Mathematik	1.0	5.0	2.0	.879	.509	-.112
Deutsch	1.0	5.0	2.0	.891	.580	.072

Anmerkungen: Min: Minimum; Max: Maximum; SD: Standardabweichung; S: Schiefe; K: Kurtosis

Die Häufigkeitsverteilungen der Mathematik- und Deutschzensuren der Stichprobe I zu beiden Testzeitpunkten verdeutlichen vor allem die linkssteile Häufigkeitsverteilung der Zensuren (s. Abb. 9 und 10), welche auch den Angaben zur Schiefe der Zensuren entnommen werden kann, die jedoch als theoriekonform zu betrachten ist (s. Tab. 12; Bortz, 2005; Tent, 2006b).

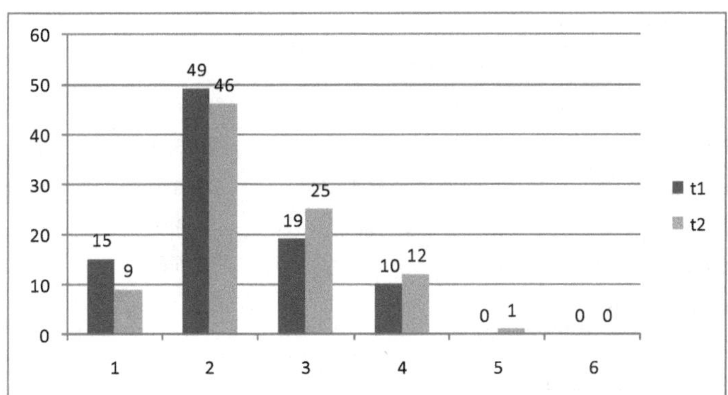

Anmerkungen: y-Achse: Häufigkeit; x-Achse: Zensuren: 1 = sehr gut, 2 = gut, 3 = befriedigend, 4 = ausreichend, 5 = mangelhaft, 6 = ungenügend

Abbildung 9. Häufigkeitsverteilung der Mathematikzensuren zu beiden Testzeitpunkten

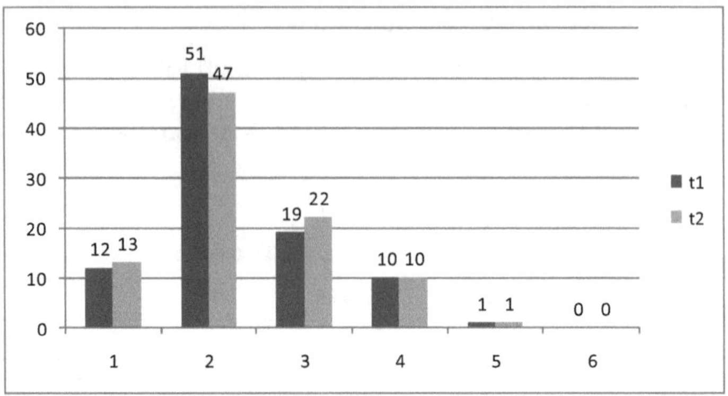

Anmerkungen: y-Achse: Häufigkeit; x-Achse: Zensuren: 1 = sehr gut, 2 = gut, 3 = befriedigend, 4 = ausreichend, 5 = mangelhaft, 6 = ungenügend

Abbildung 10. Häufigkeitsverteilung der Deutschzensuren zu beiden Testzeitpunkten

Überprüfung auf Geschlechterunterschiede

Die Schulnoten in Deutsch und Mathematik werden anhand des U-Tests von Mann-Whitney auf signifikante Geschlechterunterschiede hinsichtlich ihrer zentralen Tendenzen geprüft (Bortz, 2005). Wie Tabelle 13 zu entnehmen ist, können nur für die Deutschnote zum ersten Erhebungszeitpunkt signifikante Geschlechterunterschiede (p = .019) zugunsten der Jungen festgestellt werden. Für den zweiten Erhebungszeitpunkt ergeben sich keine signifikanten Geschlechterunterschiede.

Tabelle 13. Ergebnisse des Mann-Whitney-Tests für die Zensuren

	1. Messzeitpunkt		**2. Messzeitpunkt**	
	Mathematik	**Deutsch**	**Mathematik**	**Deutsch**
Mann-Whitney-U	996.000	805.000	1035.500	915.500
Wilcoxon-W	2124.000	1933.000	2116.500	2043.500
Z	-.713	-2.337	-.378	-1.376
Asymptotische Signifikanz (2-seitig)	.476	.019	.706	.169

Überprüfung auf Normalverteilung

Um die Ergebnisse der vorliegenden Studie mit aktuellen Studienergebnissen zum Zusammenhang von Intelligenz und Schulleistung (z.B. Spinath et al., 2006) in Bezug setzen zu können, werden die Zensuren zunächst in die in der Oberstufe vergebenen Punktwerte umkodiert (Ministerium für Kultus, Jugend und Sport Baden-Württemberg, 2006; Ministerium für Schule und Weiterbildung des Landes Nordrhein-Westfalen, 2006), welche als intervallskaliert angesehen werden (Zöfel, 2003). Für die weitere statistische Auswertung werden diese Punktwerte eingesetzt. Die Schulleistungen in Form der Punktwerte werden anschließend ebenfalls mit dem Kolmogorov-Smirnov-Anpassungstest einer Prüfung auf Normalverteilung unterzogen; die signifikante Abweichung der Schulleistungen von der Normalverteilung zu beiden Messzeitpunkten wird bestätigt (s. Tab. 14). Aufgrund der Theoriekonformität der Nicht-Normalverteilung der Schulleistungen und der Größe der Stichprobe kann jedoch für die weiteren statistischen Analysen auf Verfahren zurück gegriffen werden, die eine Normalverteilung voraussetzen (Bortz & Döring, 2002).

Tabelle 14. Kolmogorov-Smirnov-Anpassungstest zur Überprüfung der Zensuren auf Normalverteilung

		1. Messzeitpunkt		**2. Messzeitpunkt**	
		Mathematik	**Deutsch**	**Mathematik**	**Deutsch**
Parameter der NV [a, b]	*MW*	10.23	10.03	9.61	9.97
	SD	2.576	2.623	2.638	2.672
Extremste Differenzen	*Absolut*	.306	.321	.292	.296
	Positiv	.221	.227	.203	.210
	Negativ	-.306	-.321	-.292	-.296
Kolmogorov-Smirnov-Z		2.954	3.099	2.815	2.850
Asymptotische Signifikanz (2-seitig)		.000	.000	.000	.000

Anmerkungen: NV: Normalverteilung; MW: Mittelwert; SD: Standardabweichung. [a] Die zu testende Verteilung ist eine Normalverteilung. [b] Aus den Daten berechnet.

Deskriptive Ergebnisse für die motivationalen Variablen

Die deskriptiven Kennwerte für die motivationalen Variablen werden in den Tabellen 15 und 16 aufgeführt. Sowohl die Fähigkeitsselbstkonzepte als auch die Kurzskala Fremdbewertungsanreize werden als intervallskaliert aufgefasst, um eine Vergleichbarkeit mit der entsprechenden Literatur zu wahren (Helmke, 1997; Rheinberg & Wendland, 2002). Die fünf Items der Kurzskala zur Erfassung von Fremdbewertungsanreizen aus dem Potsdamer Motivationsinventar (PMI; Rheinberg & Wendland, 2002) werden gemeinsam als Skala und getrennt als einzelne Items aufgeführt, weil sie bei der statistischen Datenanalyse auch gemeinsam und einzeln in Bezug auf ihren Zusammenhang zur schulischen Leistung in Mathematik untersucht werden sollen. Die interne Konsistenz der Kurzskala liegt bei Cronbachs $\alpha = .69$. Dies kann als gute interne Konsistenz bezeichnet werden und entspricht annähernd dem in der Literatur für Sekundarstufenschüler berichteten Wert (vgl. Abschnitt 6.2.4).

Betrachtet man die deskriptiven Kennwerte der drei bereichsspezifischen Fähigkeitsselbstkonzepte, so fällt auf, dass die drei Mittelwerte eindeutig über dem statistischen Mittelwert von MW = 6.0 liegen (s. Tab. 15). Diese rechtssteile Verteilung wird auch in den Angaben zur Schiefe deutlich (Bortz, 2005). Ebenso liegen die Mittelwerte der Items 1 und 5 der Kurzskala Fremdbewertungsanreize über dem statistischen Mittelwert von MW = 3.0. Die Mittelwerte der Items 2 und 3 liegen leicht unter dem statistischen Mittelwert; der Mittelwert des vierten Items liegt klar unter dem statistischen Mittelwert (s. Tab. 16). Der Mittelwert der gesamten Skala liegt leicht über dem statistischen Mittelwert.

Tabelle 15. Deskriptive Kennwerte der bereichsspezifischen Fähigkeitsselbstkonzepte

	Min	Max	MW	SD	S	K
FSK Mathematik	2	11	8.22	2.105	-.583	-.272
FSK Lesen	4	11	7.98	1.775	-.003	-1.095
FSK Schreiben	3	11	7.66	1.897	-.466	-.541

Anmerkungen: Min: Minimum; Max: Maximum; MW: Mittelwert; SD: Standardabweichung; S: Schiefe; K: Kurtosis

Tabelle 16. Deskriptive Kennwerte der Skala und der Items der Kurzskala Fremdbewertungsanreize

	Min	Max	MW	SD	S	K
Skala	1	5	3.1312	.99891	-.091	-.524
Item 1	1	5	4.10	1.415	-1.375	.405
Item 2	1	5	2.80	1.767	.197	-1.744
Item 3	1	5	2.52	1.626	.482	-1.402
Item 4	1	5	1.91	1.537	1.304	-.042
Item 5	1	5	4.27	1.244	-1.568	1.182

Anmerkungen: Min: Minimum; Max: Maximum; MW: Mittelwert; SD: Standardabweichung; S: Schiefe; K: Kurtosis

Überprüfung auf Geschlechterunterschiede

Die drei bereichsspezifischen Fähigkeitsselbstkonzepte werden anhand des t-Tests für unabhängige Stichproben auf signifikante Geschlechterunterschiede geprüft (Bortz, 2005). Es können keine signifikanten Geschlechterunterschiede festgestellt werden (FSK Mathematik: p = .059, FSK Lesen: p = .909, FSK Schreiben: p = .185). Ebenso wird die Kurzskala Fremdbewertungsanreize einer Prüfung auf Geschlechterunterschiede unterzogen. Auch hier sind keine signifikanten Geschlechterunterschiede zu berichten (Skala: p =

.286; Item 1: p = .427, Item 2: p = .091, Item 3: p = .118, Item 4: p = .784, Item 5: p = .547).

Überprüfung auf Normalverteilung

Die drei bereichsspezifischen Fähigkeitsselbstkonzepte sowie die fünf Items der Kurzskala Fremdbewertungsanreize werden anhand des Kolmogorov-Anpassungstests einer Prüfung auf Normalverteilung unterzogen. Es zeigt sich, dass jedes der drei Fähigkeitsselbstkonzepte signifikant von einer Normalverteilung abweicht (s. Tab. 17). Dies ist als theoriekonform zu werten (Filipp, 2006). Aus diesem Grund und aufgrund der Stichprobengröße können bei der weiteren statistischen Auswertung Verfahren eingesetzt werden, die eine Normalverteilung voraussetzen (Bortz & Döring, 2002).

Tabelle 17. Kolmogorov-Smirnov-Anpassungstest zur Überprüfung der bereichsspezifischen Fähigkeitsselbstkonzepte auf Normalverteilung

		FSK Mathematik	**FSK Lesen**	**FSK Schreiben**
Parameter der NV [a, b]	*MW*	8.22	7.98	7.66
	SD	2.105	1.775	1.897
Extremste Differenzen	*Absolut*	.167	.141	.163
	Positiv	.122	.139	.131
	Negativ	-.167	-.141	-.163
Kolmogorov-Smirnov-Z		1.614	1.364	1.576
Asymptotische Signifikanz (2-seitig)		.011	.049	.014

Anmerkungen: NV: Normalverteilung; MW: Mittelwert; SD: Standardabweichung. [a] Die zu testende Verteilung ist eine Normalverteilung. [b] Aus den Daten berechnet.

Ebenso kann für die fünf Items der Kurzskala Fremdbewertungsanreize eine signifikante Abweichung von einer Normalverteilung nachgewiesen werden. Die Kurzskala insgesamt erweist sich jedoch als normalverteilt (s. Tab. 18). Auch dies ist als mit der entsprechenden Literatur übereinstimmend zu beurteilen (Rheinberg & Wendland, 2002). Somit kann bei der weiteren statistischen Auswertung auf Verfahren zurück gegriffen werden, die eine Normalverteilung voraussetzen (Bortz & Döring, 2002).

7.1.2 Stichprobe der Sekundarstufenschüler

Deskriptive Ergebnisse für die Intelligenztestwerte

Die deskriptiven Kennwerte der Intelligenztestwerte können der nachfolgenden Tabelle 19 entnommen werden. Den höchsten Mittelwert weist der Index Verarbeitungsgeschwindigkeit auf (MW = 100.32), der niedrigste Mittelwert ist für den Index Sprachverständnis (MW = 96.89) zu vermerken. Der Mittelwert des Gesamt-Intelligenzquotienten liegt bei MW = 97.6.

Tabelle 18. Kolmogorov-Smirnov-Anpassungstest zur Überprüfung der Kurzskala Fremdbewertungsanreize auf Normalverteilung

		Skala	Item 1	Item 2	Item 3	Item 4	Item 5
Parameter der NV [a, b]	*MW*	3.1312	4.10	2.80	2.52	1.91	4.27
	SD	.99891	1.415	1.767	1.626	1.537	1.244
Extremste Differenzen	*Absolut*	.122	.362	.275	.276	.423	.399
	Positiv	.122	.262	.275	.276	.423	.278
	Negativ	-.082	-.362	-.217	-.176	-.276	-.399
Kolmogorov-Smirnov-Z		1.176	3.492	2.656	2.662	4.078	3.849
Asymptotische Signifikanz (2-seitig)		.126	.000	.000	.000	.000	.000

Anmerkungen: NV: Normalverteilung; MW: Mittelwert; SD: Standardabweichung. [a] Die zu testende Verteilung ist eine Normalverteilung. [b] Aus den Daten berechnet.

Tabelle 19. Deskriptive Kennwerte der Intelligenztestwerte (Stichprobe II)

	Min	Max	MW	SD	S	K
SV	50	136	96.89	13.889	-.458	.995
WLD	63	125	97.85	12.174	-.232	-.122
AG	65	144	98.98	13.545	.368	1.063
VG	71	131	100.32	11.603	.463	-.116
G-IQ	68	126	97.60	12.207	-.009	-.250

Anmerkungen: Min: Minimum; Max: Maximum; MW: Mittelwert; SD: Standardabweichung; S: Schiefe; K: Kurtosis. SV: Sprachverständnis; WLD: Wahrnehmungsgebundenes Logisches Denken; AG: Arbeitsgedächtnis; VG: Verarbeitungsgeschwindigkeit; G-IQ: Gesamt-Intelligenzquotient

Überprüfung auf Geschlechterunterschiede

Ebenso wie für die Stichprobe der Grundschüler erfolgt die Prüfung auf signifikante Geschlechterunterschiede für die fünf Intelligenztestwerte anhand des t-Tests für unabhängige Stichproben (Bortz, 2005). Für die Index-Werte Sprachverständnis (p = .795), Wahrnehmungsgebundenes Logisches Denken (p = .650) und Arbeitsgedächtnis (p = .991) können keine signifikanten Geschlechterunterschiede festgestellt werden. Der Index Verarbeitungsgeschwindigkeit allerdings weist einen signifikanten Geschlechterunterschied zugunsten der Mädchen (p = .000) auf. Für den Gesamt-Intelligenzquotienten kann kein signifikanter Geschlechterunterschied konstatiert werden (p = .329).

Überprüfung auf Normalverteilung

Die fünf Intelligenztestwerte werden anhand des Kolmogorov-Smirnov-Anpassungstests einer Prüfung auf Normalverteilung unterzogen (Bortz, 2005).

Tabelle 20. Kolmogorov-Smirnov-Anpassungstest zur Überprüfung der Intelligenztestwerte auf Normalverteilung (Stichprobe II)

		SV	**WLD**	**AG**	**VG**	**G-IQ**
Parameter der NV [a, b]	*MW*	96.89	97.85	98.98	100.32	97.60
	SD	13.889	12.174	13.545	11.603	12.207
Extremste Differenzen	*Absolut*	.101	.071	.112	.118	.061
	Positiv	.053	.047	.112	.118	.061
	Negativ	-.101	-.071	-.085	-.055	-.039
Kolmogorov-Smirnov-Z		1.303	.917	1.457	1.535	.785
Asymptotische Signifikanz (2-seitig)		.067	.370	.029	.018	.569

Anmerkungen: SV: Sprachverständnis; WLD: Wahrnehmungsgebundenes Logisches Denken; AG: Arbeitsgedächtnis; VG: Verarbeitungsgeschwindigkeit; G-IQ: Gesamt-Intelligenzquotient. NV: Normalverteilung; MW: Mittelwert; SD: Standardabweichung. [a] Die zu testende Verteilung ist eine Normalverteilung. [b] Aus den Daten berechnet.

Für die Index-Werte Sprachverständnis (p = .067) und Wahrnehmungsgebundenes Logisches Denken (p = .37) sowie für den Gesamt-Intelligenzquotienten (p = .569) wird die Normalverteilung bestätigt, für die Index-Werte Arbeitsgedächtnis (p = .029) und Verarbeitungsgeschwindigkeit (p = .018) hingegen kann keine Normalverteilung aufgezeigt werden (s. Tab. 20). Dies bedeutet, dass bei Berechnungen, welche sich auf die beiden letztgenannten Index-Werte beziehen, verteilungsfreie Verfahren eingesetzt werden müssen (Bortz & Lienert, 2003).

Deskriptive Ergebnisse für die Zensuren

Die deskriptiven Ergebnisse für die Zensuren sind in Tabelle 21 aufgeführt. Es ist anzumerken, dass in der Stichprobe der Sekundarstufenschüler das volle Notenspektrum ausgeschöpft wurde. Der Median beider Schulleistungsindikatoren beträgt Md = 3.0.

In Abbildung 11 sind die Häufigkeitsverteilungen für die Mathematik- und Deutschzensuren veranschaulicht. Wie auch die Angaben zur Schiefe aufzeigen, liegt bei beiden Schulleistungsindikatoren eine linkssteile Verteilung vor (Bortz, 2005).

Tabelle 21. Deskriptive Kennwerte der Zensuren (Stichprobe II)

	Min	Max	Median	SD	S	K
Mathematik	1.0	6.0	3.0	1.119	.046	-.547
Deutsch	1.0	6.0	3.0	.914	.166	.669

Anmerkungen: Min: Minimum; Max: Maximum; SD: Standardabweichung; S: Schiefe; K: Kurtosis

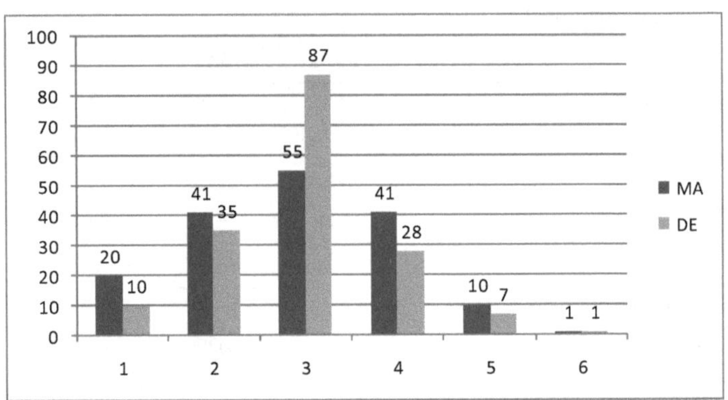

Anmerkungen: y-Achse: Häufigkeit; x-Achse: Zensuren: 1 = sehr gut, 2 = gut, 3 = befriedigend, 4 = ausreichend, 5 = mangelhaft, 6 = ungenügend; MA: Mathematikzensur, DE: Deutschzensur

Abbildung 11. Häufigkeitsverteilung der Zensuren (Stichprobe II)

Überprüfung auf Geschlechterunterschiede

Die Prüfung der Schulleistungsindikatoren auf signifikante Geschlechterunterschiede erfolgt anhand des U-Tests von Mann-Whitney (Bortz, 2005). Es kann nur für die Deutschzensur ein signifikanter Geschlechterunterschied (p = .003) zugunsten der Mädchen vermerkt werden, nicht jedoch für die Mathematikzensur (p = .376) (s. Tab. 22).

Tabelle 22. Ergebnisse des Mann-Whitney-Tests für die Zensuren (Stichprobe II)

	Mathematik	Deutsch
Mann-Whitney-U	3258.500	2669.000
Wilcoxon-W	6828.500	6239.000
Z	-.885	-2.952
Asymptotische Signifikanz (2-seitig)	.376	.003

Überprüfung auf Normalverteilung

Analog zum Vorgehen für die Stichprobe der Grundschüler werden die Zensuren in die in der Oberstufe vergebenen, als intervallskaliert aufgefassten Punktwerte umkodiert (vgl. Abschnitt 7.1.1). Die Überprüfung der Schulleistungsindikatoren auf Normalverteilung erfolgt anschließend ebenfalls anhand des Kolmogorov-Smirnov-Anpassungstests (s. Tab. 23).

Tabelle 23. Kolmogorov-Smirnov-Anpassungstest zur Überprüfung der Zensuren auf Normalverteilung (Stichprobe II)

		Mathematik	**Deutsch**
Parameter der NV [a, b]	*MW*	8.31	8.22
	SD	3.343	2.759
Extremste Differenzen	*Absolut*	.174	.258
	Positiv	.174	.258
	Negativ	-.154	-.254
Kolmogorov-Smirnov-Z		2.253	3.344
Asymptotische Signifikanz (2-seitig)		.000	.000

Anmerkungen: NV: Normalverteilung; MW: Mittelwert; SD: Standardabweichung. [a] Die zu testende Verteilung ist eine Normalverteilung. [b] Aus den Daten berechnet.

Beide Zensuren weichen signifikant von einer Normalverteilung ab; dies ist aber als theoriekonform zu betrachten (Tent, 2006b; Ziegenspeck, 1999). Aus diesem Grund und aufgrund der Stichprobengröße (n = 168) können bei den folgenden statistischen Berechnungen Verfahren eingesetzt werden, die eine Normalverteilung voraussetzen (Bortz & Döring, 2002).

7.2 Interkorrelationen

7.2.1 Stichprobe der Grundschüler

Interkorrelationen der Intelligenztestwerte

Die Interkorrelationen der fünf Intelligenztestwerte sind nachfolgend tabellarisch dargestellt. Sie werden mit der Produkt-Moment-Korrelation nach Pearson berechnet. Dieser Korrelationskoeffizient wird als „sozusagen der ‚klassische' Korrelationskoeffizient zur Beschreibung des Zusammenhangs zwischen zwei intervallskalierten und normalverteilten Variablen" (Zöfel, 2003, S. 154) herangezogen. Die Ergebnisse werden getrennt für beide Testzeitpunkte aufgeführt (s. Tab. 24 und 25).

Tabelle 24. Interkorrelationen der Intelligenztestwerte zum ersten Testzeitpunkt

		SV	WLD	AG	VG	G-IQ
SV	*r*	-	.325***	.298**	.292**	.719***
	p		.001	.002	.002	.000
WLD	*r*		-	.493***	.403***	.769***
	p			.000	.000	.000
AG	*r*			-	.258**	.677***
	p				.006	.000
VG	*r*				-	.675***
	p					.000
G-IQ	*r*					-
	p					

Anmerkungen: SV: Sprachverständnis; WLD: Wahrnehmungsgebundenes Logisches Denken; AG: Arbeitsgedächtnis; VG: Verarbeitungsgeschwindigkeit; G-IQ: Gesamt-Intelligenzquotient.
***. Die Korrelation ist auf dem Niveau von 0,001 (1-seitig) signifikant.
**. Die Korrelation ist auf dem Niveau von 0,01 (1-seitig) signifikant.

Zu beiden Testzeitpunkten können ausnahmslos positive Interkorrelationen der Intelligenztestwerte festgestellt werden. Die höchsten korrelativen Zusammenhänge bestehen jeweils zwischen den einzelnen Index-Werten und dem Gesamt-Intelligenzquotienten mit mittleren bis hohen Korrelationskoeffizienten von r = .606 (Verarbeitungsgeschwindigkeit x Gesamt-Intelligenzquotient) bis r = .773 (Sprachverständnis x Gesamt-Intelligenzquotient) und höchst signifikantem Niveau (p = .000). Die Interkorrelationen zwischen den Index-Werten bewegen sich zwischen r = .230 (p = .013), dem Korrelationskoeffizienten zwischen den Indizes Sprachverständnis und Verarbeitungsgeschwindigkeit zum zweiten Messzeitpunkt, und r = .493 (p = .000), dem Korrelationskoeffizienten zwischen Arbeitsgedächtnis und Wahrnehmungsgebundenes Logisches Denken zum ersten Messzeitpunkt.

Interkorrelationen der Zensuren

Die Interkorrelationen der Mathematik- und Deutschzensur werden ebenfalls mit der Produkt-Moment-Korrelation nach Pearson berechnet. Zum ersten Testzeitpunkt ergibt sich ein Korrelationskoeffizient von r = .684 (p = .000), zum zweiten Testzeitpunkt korrelieren die Mathematik- und Deutschzensur zu r = .697 (p = .000).

Interkorrelationen der motivationalen Variablen

Die anhand der Produkt-Moment-Korrelation berechneten Interkorrelationen für die drei bereichsspezifischen Fähigkeitsselbstkonzepte sind nachfolgend aufgeführt (s. Tab. 26). Das Fähigkeitsselbstkonzept Lesen korreliert zu r = .446 auf höchst signifikantem Niveau (p = .000) mit dem Fähigkeitsselbstkonzept Mathematik. Ebenso besteht zwischen dem

Fähigkeitsselbstkonzept Lesen und dem Fähigkeitsselbstkonzept Schreiben eine höchst signifikante Korrelation ($r = .443$, $p = .000$). Die Fähigkeitsselbstkonzepte Mathematik und Schreiben korrelieren nur sehr gering zu $r = .065$ ($p = .268$).

Tabelle 25. Interkorrelationen der Intelligenztestwerte zum zweiten Testzeitpunkt

		SV	WLD	AG	VG	G-IQ
SV	*r*	-	.463***	.366***	.230*	.773***
	p		.000	.000	.013	.000
WLD	*r*		-	.447***	.281**	.770***
	p			.000	.003	.000
AG	*r*			-	.349***	.712***
	p				.000	.000
VG	*r*				-	.606***
	p					.000
G-IQ	*r*					-
	p					

Anmerkungen: SV: Sprachverständnis; WLD: Wahrnehmungsgebundenes Logisches Denken; AG: Arbeitsgedächtnis; VG: Verarbeitungsgeschwindigkeit; G-IQ: Gesamt-Intelligenzquotient.

***. Die Korrelation ist auf dem Niveau von 0,001 (1-seitig) signifikant.

**. Die Korrelation ist auf dem Niveau von 0,01 (1-seitig) signifikant.

*. Die Korrelation ist auf dem Niveau von 0,05 (1-seitig) signifikant.

Tabelle 26. Interkorrelationen der bereichsspezifischen Fähigkeitsselbstkonzepte

		FSK Mathematik	FSK Lesen	FSK Schreiben
FSK Mathematik	*r*	-	.446***	.065
	p		.000	.268
FSK Lesen	*r*		-	.443***
	p			.000
FSK Schreiben	*r*			-
	p			

Anmerkung: ***. Die Korrelation ist auf dem Niveau von 0,001 (1-seitig) signifikant.

Die Interkorrelationen zwischen den Items der Kurzskala, ebenfalls mit der Produkt-Moment-Korrelation ermittelt, fallen unterschiedlich hoch aus (s. Tab. 27). Die höchsten Korrelationen bestehen zwischen dem ersten und dem fünften Item ($r = .516$, $p = .000$), gefolgt von den Korrelationen zwischen dem zweiten und dem vierten Item (r = .470, p = .000) sowie dem zweiten und dem dritten Item (r = .434, p = .000). Die niedrigsten, nicht signifikanten Zusammenhänge können zwischen dem fünften und dem zweiten Item (r = .134, p = .100) sowie dem fünften und dem vierten Item (r = .166, p = .056) festgestellt werden.

Tabelle 27. Interkorrelationen der Items der Kurzskala Fremdbewertungsanreize

		Item 1	Item 2	Item 3	Item 4	Item 5
Item 1	r	-	.243**	.243**	.194*	.516***
	p		.009	.010	.031	.000
Item 2	r		-	.434***	.470***	.134
	p			.000	.000	.100
Item 3	r			-	.292**	.280**
	p				.002	.003
Item 4	r				-	.166
	p					.056
Item 5	r					-
	p					

Anmerkungen: ***. Die Korrelation ist auf dem Niveau von 0,001 (1-seitig) signifikant.
**. Die Korrelation ist auf dem Niveau von 0,01 (1-seitig) signifikant.
*. Die Korrelation ist auf dem Niveau von 0,05 (1-seitig) signifikant.

Weitere Voranalysen vor der Hypothesenprüfung beziehen sich auf die Korrelationen zwischen den beiden mathematikspezifischen motivationalen Variablen. Der nach der Produkt-Moment-Korrelation nach Pearson (zweiseitig) berechnete korrelative Zusammenhang zwischen dem mathematikspezifischen Fähigkeitsselbstkonzept und der ebenfalls mathematikspezifischen Motivation über fremdkontrollierte Anreize ist in Tabelle 28 dargestellt. Es zeigt sich, dass zwischen diesen beiden motivationalen Konzepten keine signifikanten korrelativen Zusammenhänge bestehen.

Tabelle 28. Konkurrente Korrelationen zwischen dem Fähigkeitsselbstkonzept Mathematik und der mathematikspezifischen Motivation über fremdkontrollierte Anreize

		Skala	Item 1	Item 2	Item 3	Item 4	Item 5
FSK	r	.059	.000	.067	.129	-.045	-.039
Mathematik	p	.576	.998	.520	.217	.671	.711

Interkorrelationen der soziodemographischen Variablen

Die Interkorrelationen der einmalig erhobenen soziodemographischen Variablen formaler Bildungsabschluss der Mutter, formaler Bildungsabschluss des Vaters und Anzahl der Geschwister des Kindes werden mit der Rangkorrelation nach Spearman berechnet, welche zur Erfassung des Zusammenhangs zwischen zwei Variablen herangezogen wird, die mindestens ordinalskaliert sind (Bortz, 2005; Zöfel, 2003). Die Ergebnisse sind in Tabelle 29 abgebildet. Der formale Bildungsabschluss der Mutter korreliert zu $r = .312$ ($p = .002$) mit dem formalen Bildungsabschluss des Vaters; dies ist als sehr signifikante Korrelation zu betrachten. Negative, jedoch nicht signifikante Korrelationen bestehen zwischen dem formalen Bildungsabschluss der Mutter und der Anzahl der Geschwister des Kindes ($r = -.062$, $p = .552$) sowie dem formalen Bildungsabschluss des Vaters und der Geschwisteranzahl ($r = -.059$, $p = .573$).

Tabelle 29. Interkorrelationen der soziodemographischen Variablen

		Bildungsabschluss der Mutter	**Bildungsabschluss des Vaters**	**Anzahl der Geschwister**
Bildungsabschluss der Mutter	*r*	-	.312**	-.062
	p		.002	.552
Bildungsabschluss des Vaters	*r*		-	-.059
	p			.573
Anzahl der Geschwister	*r*			-
	p			

Anmerkung: **. Die Korrelation ist auf dem Niveau von 0,01 (2-seitig) signifikant.

7.2.2 Stichprobe der Sekundarstufenschüler

Interkorrelationen der Intelligenztestwerte

Die wie auch für die Stichprobe der Grundschüler mit der Produkt-Moment-Korrelation berechneten Interkorrelationen der fünf Intelligenztestwerte sind in der nachfolgenden Tabelle 30 aufgeführt. Es können durchgängig signifikant positive Interkorrelationen berichtet werden. Zwischen dem Gesamt-Intelligenzquotienten und den vier Index-Werten bestehen ausschließlich höchst signifikante Korrelationen; der höchste Korrelationskoeffizient kann für die Korrelation zwischen dem Index Sprachverständnis und dem Gesamt-Intelligenzquotienten ($r = .846$, $p = .000$) vermerkt werden, der niedrigste zwischen dem Index Verarbeitungsgeschwindigkeit und dem Gesamt-Intelligenzquotienten ($r = .517$, $p = .000$). Die Interkorrelationen zwischen den Index-Werten reichen von $r = .195$ ($p = .006$) (Arbeitsgedächtnis x Verarbeitungsgeschwindigkeit) bis zu $r = .635$ ($p = .000$) (Sprachverständnis x Wahrnehmungsgebundenes Logisches Denken).

Interkorrelationen der Zensuren

Die ebenfalls mit der Produkt-Moment-Korrelation nach Pearson berechnete Interkorrelation zwischen Mathematik- und Deutschzensur beträgt $r = .519$ ($p = .000$).

Tabelle 30. Interkorrelationen der Intelligenztestwerte (Stichprobe II)

		SV	WLD	AG	VG	G-IQ
SV	*r*	-	.635***	.442***	.209**	.846***
	p		.000	.000	.003	.000
WLD	*r*		-	.391***	.322***	.836***
	p			.000	.000	.000
AG	*r*			-	.195**	.673***
	p				.006	.000
VG	*r*				-	.517***
	p					.000
G-IQ	*r*					-
	p					

Anmerkungen: SV: Sprachverständnis; WLD: Wahrnehmungsgebundenes Logisches Denken; AG: Arbeitsgedächtnis; VG: Verarbeitungsgeschwindigkeit; G-IQ: Gesamt-Intelligenzquotient.

***. Die Korrelation ist auf dem Niveau von 0,001 (1-seitig) signifikant.

**. Die Korrelation ist auf dem Niveau von 0,01 (1-seitig) signifikant.

Tabelle 31. Interkorrelationen der soziodemographischen Variablen (Stichprobe II)

		Bildungsabschluss der Mutter	Bildungsabschluss des Vaters	Anzahl der Geschwister
Bildungsabschluss der Mutter	*r*	-	.352***	-.169*
	p		.000	.028
Bildungsabschluss des Vaters	*r*		-	-.017
	p			.827
Anzahl der Geschwister	*r*			-
	p			

Anmerkungen: ***. Die Korrelation ist auf dem Niveau von 0,001 (2-seitig) signifikant.

*. Die Korrelation ist auf dem Niveau von 0,05 (2-seitig) signifikant.

Interkorrelationen der soziodemographischen Variablen

Die mit der Rangkorrelation nach Spearman berechneten Interkorrelationen der drei soziodemographischen Variablen sind in Tabelle 31 abgebildet. Die formalen Bildungsabschlüsse der Mutter und des Vaters korrelieren zu $r = .352$ ($p = .000$) auf hoch signifikantem Niveau. Zwischen der Anzahl der Geschwister und dem formalen Bildungabschluss der Mutter besteht eine signifikant negative Korrelation ($r = -.169$, $p = .028$); zwischen der Anzahl der Geschwister und dem formalen Bildungsabschluss des Vaters besteht ebenfalls eine negative, allerdings nicht signifikante Korrelation ($r = -.017$, $p = .827$).

7.3 Prüfung der Hypothesen

7.3.1 Zusammenhang von Intelligenz und Schulleistung

Zusammenhang zwischen Gesamt-Intelligenzquotient und Schulleistungsindikatoren zum ersten Testzeitpunkt (Hypothese 1)

Der korrelative Zusammenhang zwischen dem Gesamt-Intelligenzquotient und den Schulleistungsindikatoren wird mit der Produkt-Moment-Korrelation (einseitig) ermittelt. Zum ersten Testzeitpunkt korrelieren der Gesamt-Intelligenzquotient und die Mathematiknote zu $r = .378$ ($p = .000$; $\alpha' = .05$) sowie der Gesamt-Intelligenzquotient und die Deutschnote zu $r = .383$ ($p = .000$; $\alpha' = .025$). Beide Korrelationskoeffizienten sind bei einer α-Fehler-Korrektur als signifikant einzustufen. Dementsprechend kann die Hypothese H 1 angenommen werden.

Zusammenhang zwischen Index-Werten und Schulleistungsindikatoren zum ersten Testzeitpunkt (Hypothese 2)

Auch die Prüfung des korrelativen Zusammenhangs zwischen den vier Index-Werten und den Schulleistungsindikatoren erfolgt anhand der Produkt-Moment-Korrelation nach Pearson (einseitig). Die Ergebnisse sind in Tabelle 32 aufgeführt. Die höchsten Korrelationskoeffizienten können zwischen dem Index Sprachverständnis und den Schulleistungsindikatoren festgestellt werden: $r = .354$ ($p = .000$; $\alpha' = .006$) zwischen Mathematikzensur und Sprachverständnis, $r = .349$ ($p = .000$; $\alpha' = 007$) zwischen Deutschzensur und Sprachverständnis. Beide Korrelationen sind auch bei einer α-Fehler-Korrektur als signifikant zu beurteilen. Die niedrigste, nicht als signifikant einzustufende Korrelation besteht zwischen der Mathematikzensur und dem Index Verarbeitungsgeschwindigkeit ($r = .127$, $p = .112$; $\alpha' = .05$), gefolgt von der Korrelation zwischen der Deutschzensur und dem Index Wahrnehmungsgebundenes Logisches Denken ($r = .180$, $p = .042$; $\alpha' = .025$), welche bei einer α-Fehler-Korrektur ebenfalls nicht mehr als signifikant bezeichnet werden kann. Demzufolge muss die Hypothese H 2 abgelehnt werden.

Zusammenhang zwischen Gesamt-Intelligenzquotient und Schulleistungsindikatoren zum zweiten Testzeitpunkt (Hypothese 3)

Zum zweiten Testzeitpunkt können wie zum ersten Testzeitpunkt höchst signifikante Korrelationskoeffizienten zwischen dem Gesamt-Intelligenzquotienten und den Schulleistungsindikatoren berichtet werden: Der korrelative Zusammenhang zwischen Gesamt-

Intelligenzquotient und Mathematiknote beträgt $r = .374$ ($p = .000$; $\alpha' = .05$), zwischen Gesamt-Intelligenzquotient und Deutschnote $r = .406$ ($p = .000$; $\alpha' = .025$). Wiederum erreichen beide Korrelationskoeffizienten auch bei einer α-Korrektur ein signifikantes Niveau. Die Hypothese H 3 wird daher angenommen.

Tabelle 32. Konkurrente Korrelationen zwischen den zum ersten Testzeitpunkt erhobenen Index-Werten und den Zensuren

		SV	**WLD**	**AG**	**VG**
Mathematik-zensur	*r*	.354*	.273*	.276*	.127
	p	.000	.004	.004	.112
	α´	.006	.013	.010	.05
Deutsch-zensur	*r*	.349*	.180	.298*	.228*
	p	.000	.042	.002	.014
	α´	.007	.025	.008	.017

Anmerkungen: SV: Sprachverständnis; WLD: Wahrnehmungsgebundenes Logisches Denken; AG: Arbeitsgedächtnis; VG: Verarbeitungsgeschwindigkeit; G-IQ: Gesamt-Intelligenzquotient.
*. Die Korrelation ist bei α´ signifikant.

Tabelle 33. Konkurrente Korrelationen zwischen den zum zweiten Testzeitpunkt erhobenen Index-Werten und den Zensuren

		SV	**WLD**	**AG**	**VG**
Mathematik-zensur	*r*	.302*	.301*	.379*	.099
	p	.002	.002	.000	.174
	α´	.010	.013	.006	.05
Deutsch-zensur	*r*	.258*	.334*	.352*	.250*
	p	.006	.001	.000	.008
	α´	.017	.008	.007	.025

Anmerkungen: SV: Sprachverständnis; WLD: Wahrnehmungsgebundenes Logisches Denken; AG: Arbeitsgedächtnis; VG: Verarbeitungsgeschwindigkeit; G-IQ: Gesamt-Intelligenzquotient.
*. Die Korrelation ist bei α´ signifikant.

Zusammenhang zwischen Index-Werten und Schulleistungsindikatoren zum zweiten Testzeitpunkt (Hypothese 4)

Die Korrelationen zwischen den Index-Werten und den Schulleistungsindikatoren zum zweiten Testzeitpunkt sind in Tabelle 33 abgebildet. Der höchste Korrelationskoeffizient kann nun zwischen dem Index Arbeitsgedächtnis und der Mathematikzensur vermerkt werden ($r = .379$, $p = .000$; $\alpha' = .006$), gefolgt vom Korrelationskoeffizient zwischen dem

Index Arbeitsgedächtnis und der Deutschzensur (r = .352, p = .000; α′ = .007). Beide Korrelationskoeffizienten sind als höchst signifikant zu bezeichnen. Die niedrigste, wiederum nicht signifikante Korrelation besteht analog zum ersten Testzeitpunkt zwischen dem Index Verarbeitungsgeschwindigkeit und der Mathematikzensur (r = .099, p = .174; α′ = .05). Zusammenfassend betrachtet ist die Hypothese H 4 abzulehnen.

7.3.2 Stabilität von Intelligenz und Schulleistung

Stabilität der Intelligenztestwerte (Hypothese 5)

Die Retest-Reliabilität wird mit der Produkt-Moment-Korrelation (einseitig) bestimmt (Bortz & Döring, 2002).

Tabelle 34. Stabilität der Intelligenztestwerte

		SV_2	WLD_2	AG_2	VG_2	G-IQ_2
	r	**.773***	.378*	.321*	.131	.601*
SV_1	*p*	.000	.000	.001	.106	.000
	α′	.002	.006	.008	.05	.003
	r	.463*	**.703***	.439*	.368*	.692*
WLD_1	*p*	.000	.000	.000	.000	.000
	α′	.004	.002	.005	.006	.002
	r	.284*	.435*	**.613***	.317*	.556*
AG_1	*p*	.003	.000	.000	.001	.000
	α′	.017	.005	.003	.010	.003
	r	.299*	.351*	.173	**.614***	.489*
VG_1	*p*	.002	.000	.048	.000	.000
	α′	.013	.007	.025	.003	.004
	r	.672*	.655*	.528*	.487*	**.827***
G-IQ_1	*p*	.000	.000	.000	.000	.000
	α′	.002	.003	.003	.004	.002

Anmerkungen: SV_1: Sprachverständnis zum ersten Testzeitpunkt (t_1); WLD_1: Wahrnehmungsgebundenes Logisches Denken zu t_1; AG_1: Arbeitsgedächtnis zu t_1; VG_1: Verarbeitungsgeschwindigkeit zu t_1; G-IQ_1: Gesamt-Intelligenzquotient zu t_1. SV_2: Sprachverständnis zum zweiten Testzeitpunkt (t_2); WLD_2: Wahrnehmungsgebundenes Logisches Denken zu t_2; AG_2: Arbeitsgedächtnis zu t_2; VG_2: Verarbeitungsgeschwindigkeit zu t_2; G-IQ_2: Gesamt-Intelligenzquotient zu t_2.
*. Die Korrelation ist bei α′ signifikant.

Die fünf Korrelationskoeffizienten zwischen den Gesamt-Intelligenzquotienten des ersten und zweiten Messzeitpunkts sowie den jeweils korrespondierenden Index-Werten des ersten und zweiten Messzeitpunkts erreichen ein höchst signifikantes Niveau (p = .000), mit mittleren Stabilitätskoeffizienten für die Indizes Arbeitsgedächtnis (r = .613) und Verarbeitungsgeschwindigkeit (r = .614) und hohen Stabilitätskoeffizienten für die Indizes Wahrnehmungsgebundenes Logisches Denken (r = .703) und Sprachverständnis (r = .773) sowie für den Gesamt-Intelligenzquotienten (r = .827) (s. Tab. 34). Die fünf Korrelationskoeffizienten sind auch bei einer Korrektur des α-Niveaus als signifikant zu bezeichnen. Die Hypothese H 5 kann daher angenommen werden.

Stabilität der Zensuren (Hypothese 6)

Die Retest-Reliabilität der Zensuren wird ebenfalls mit der Produkt-Moment-Korrelation (einseitig) berechnet (Bortz & Döring, 2002). Die Retest-Reliabilität der Mathematikzensur liegt bei r = .704 (p = .000; α´ = .013), die Retest-Reliabilität der Deutschzensur beträgt r = .735 (p = .000; α´ = .017) (s. Tab. 35). Beide Korrelationen sind als hohe Korrelationen einzustufen, welche sich auch bei einer α-Adjustierung als signifikant erweisen. Die Hypothese H 6 wird angenommen.

Tabelle 35. Stabilität der Zensuren

		Mathematikzensur zu t_2	**Deutschzensur zu t_2**
Mathematikzensur zu t_1	r	**.704***	.693*
	p	.000	.000
	α´	.013	.025
Deutschzensur zu t_1	r	.638*	**.735***
	p	.000	.000
	α´	.050	.017

Anmerkung: *. Die Korrelation ist bei α´ signifikant.

7.3.3 Aufklärung der Schulleistungsvarianz durch Intelligenz und Motivation

Zusammenhang zwischen den bereichsspezifischen Fähigkeitsselbstkonzepten und den korrespondierenden Indikatoren der Schulleistung (Hypothesen 7, 8 und 9)

Die über die Produkt-Moment-Korrelation nach Pearson (einseitig) berechneten konkurrenten Korrelationen zwischen den bereichsspezifischen Fähigkeitsselbstkonzepten und den Indikatoren der schulischen Leistung sind in Tabelle 36 wiedergegeben. Der höchste korrelative Zusammenhang besteht zwischen dem Fähigkeitsselbstkonzept Schreiben und der Deutschzensur (r = .534, p = .000, α´ = .008). Ebenso korrelieren die Mathematikzensur und das Fähigkeitsselbstkonzept Mathematik, aber auch die Mathematikzensur und das Fähigkeitsselbstkonzept Schreiben auf höchst signifikantem Niveau. Der niedrigste, statistisch nicht signifikante korrelative Zusammenhang besteht zwischen der Deutschzensur und dem Fähigkeitsselbstkonzept Mathematik (r = .167, p = .054, α´ = .05). Das

Fähigkeitsselbstkonzept Lesen korreliert sowohl mit der Mathematikzensur als auch mit der Deutschzensur auf sehr signifikantem Niveau. Insgesamt können zwischen den bereichsspezifischen Fähigkeitsselbstkonzepten und den entsprechenden Indikatoren der Schulleistung ausnahmslos signifikante Korrelationen aufgezeigt werden, die auch bei einer α-Korrektur nach Holm Signifikanzniveau erreichen. Aus diesem Grund werden die Hypothesen H 7, H 8 und H 9 angenommen.

Tabelle 36. Konkurrente Korrelationen zwischen den Fähigkeitsselbstkonzepten und den Zensuren

		FSK Mathematik	**FSK Lesen**	**FSK Schreiben**
Mathematik-zensur	*r*	.330*	.265*	.360*
	p	.001	.005	.000
	α´	.01	.017	.013
Deutsch-zensur	*r*	.167	.270*	.534*
	p	.054	.004	.000
	α´	.05	.025	.008

Anmerkung: * Die Korrelation ist bei α´ signifikant.

Explorativ wird darüber hinaus der korrelative Zusammenhang zwischen der mathematikspezifischen Motivation über fremdkontrollierte Anreize und der Mathematikzensur untersucht (s. Tab. 37). Hier zeigen sich signifikant negative Korrelationen zwischen der Mathematikzensur und dem vierten Item ($r = -.352, p = .001$) bzw. dem zweiten Item ($r = -.306$, $p = .003$). Zwischen der Mathematikzensur und der gesamten Skala kann eine negative Korrelation ($r = -.284, p = .006$) auf sehr signifikantem Niveau vermerkt werden.

Tabelle 37. Konkurrente Korrelationen zwischen der mathematikspezifischen Motivation über fremdkontrollierte Anreize und der Mathematikzensur

		Skala	**Item 1**	**Item 2**	**Item 3**	**Item 4**	**Item 5**
Mathema-tikzensur	*r*	-.284**	-.103	-.306**	-.173	-.352***	.045
	p	.006	.324	.003	.096	.001	.666

Anmerkungen: ***. Die Korrelation ist auf dem Niveau von 0,001 (2-seitig) signifikant.

**. Die Korrelation ist auf dem Niveau von 0,01 (2-seitig) signifikant.

Aufklärung der Schulleistungsvarianz in Mathematik durch den Gesamt-Intelligenzquotienten und das Fähigkeitsselbstkonzept Mathematik (Hypothese 10)

Die Aufklärung der Schulleistungsvarianz in Mathematik durch den Gesamt-Intelligenzquotienten und das mathematische Fähigkeitsselbstkonzept erfolgt mit Hilfe einer hierarchischen Regressionsanalyse (Bühl, 2006). Im ersten Schritt werden das Alter und das Geschlecht der Schüler eingegeben. Anschließend folgt die Aufnahme des zum zweiten Testzeitpunkt erhobenen Gesamt-Intelligenzquotienten, der als bester Prädiktor für schulische Leistungen angesehen wird. Im dritten Block wird das Fähigkeitsselbstkonzept Mathematik aufgenommen.

Erwartungsgemäß erweist sich die allgemeine kognitive Leistungsfähigkeit als der beste Prädiktor schulischer Leistungen im Fach Mathematik (s. Tab. 38). Die Variablen Alter und Geschlecht können 7,2% der Schulleistungsvarianz erklären. Der Gesamt-Intelligenzquotient leistet einen hoch signifikanten Beitrag von 15,3%. Das Fähigkeitsselbstkonzept Mathematik erklärt noch nennenswerte 4,2% der Gesamtvarianz. Auch ein Vergleich der Beta-Koeffizienten verdeutlicht, dass der Erklärungsbeitrag der allgemeinen kognitiven Leistungsfähigkeit für die Regressionsschätzung von zentralerer Bedeutung ist als der Beitrag des Fähigkeitsselbstkonzeptes Mathematik (Beta-Gewicht G-IQ = .357 verglichen mit Beta-Gewicht FSK MA = .217). Zusammen können die Variablen Alter und Geschlecht, der Gesamt-Intelligenzquotient und die motivationale Variable 26,6% der Schulleistungsvarianz im Fach Mathematik aufklären. Die Hypothese H 10 kann daher angenommen werden.

Tabelle 38. Multiple Regressionsanalyse der Schulleistung in Mathematik durch Alter und Geschlecht der Schüler, Gesamt-Intelligenzquotient und Fähigkeitsselbstkonzept Mathematik

Modell	**Variablen**	**Beta**	**T**	**p**	**R**	**R^2**	**Änderung in R^2**	**F**	**Signifikanz von F**
1	Alter	-.263	-2.583	.011	.268	.072	.072	3.486	.035
	Geschlecht	.079	.772	.442					
2	Alter	-.260	-2.773	.007	.474	.225	.153	8.598	.000
	Geschlecht	.158	1.649	.103					
	G-IQ zu t_2	.399	4.188	.000					
3	Alter	-.216	-2.307	.023	.516	.266	.042	7.993	.000
	Geschlecht	.103	1.063	.291					
	G-IQ zu t_2	.357	3.754	.000					
	FSK MA	.217	2.239	.028					

Anmerkung: FSK MA: Fähigkeitsselbstkonzept Mathematik

Tabelle 39. Multiple Regressionsanalyse der Schulleistung in Mathematik durch Alter und Geschlecht der Schüler, Gesamt-Intelligenzquotient und mathematikspezifische Motivation über fremdkontrollierte Anreize

Modell	Variablen	Beta	T	p	R	R^2	Änderung in R^2	F	Signifikanz von F
1	Alter	-.263	-2.583	.011	.268	.072	.072	3.486	.035
	Geschlecht	.079	.772	.442					
2	Alter	-.260	-2.773	.007	.474	.225	.153	8.598	.000
	Geschlecht	.158	1.649	.103					
	G-IQ zu t_2	.399	4.188	.000					
3a	Alter	-.352	-3.806	.000	.562	.316	.091	10.149	.000
	Geschlecht	.188	2.069	.041					
	G-IQ zu t_2	.327	3.545	.001					
	Skala	-.325	-3.421	.001					
3b	Alter	-.302	-3.106	.003	.494	.244	.019	7.103	.000
	Geschlecht	.146	1.532	.129					
	G-IQ zu t_2	.383	4.027	.000					
	Item 1	-.147	-1.501	.137					
3c	Alter	-.282	-3.134	.002	.546	.298	.074	9.348	.000
	Geschlecht	.198	2.144	.035					
	G-IQ zu t_2	.343	3.695	.000					
	Item 2	-.282	-3.036	.003					
3d	Alter	-.306	-3.223	.002	.509	.259	.034	7.685	.000
	Geschlecht	.186	1.962	.053					
	G-IQ zu t_2	.363	3.812	.000					
	Item 3	-.196	-2.015	.047					
3e	Alter	-.340	-3.777	.000	.577	.333	.108	10.985	.000
	Geschlecht	.136	1.527	.130					
	G-IQ zu t_2	.308	3.346	.001					
	Item 4	-.350	-3.781	.000					
3f	Alter	-.259	-2.719	.008	.474	.225	.000	6.378	.000
	Geschlecht	.157	1.630	.107					
	G-IQ zu t_2	.399	4.165	.000					
	Item 5	.007	.072	.943					

Explorativ wird untersucht, welchen Beitrag die mathematikspezifische Motivation über fremdkontrollierte Anreize zur Aufklärung der Schulleistungsvarianz leisten kann. Die Betrachtung soll sich sowohl auf die Gesamtskala als auch auf die fünf einzelnen Items beziehen (s. Tab. 39). Es ist zu konstatieren, dass in Verbindung mit der Gesamtskala und mit dem zweiten Item ein signifikanter Geschlechtereffekt auftritt. Auffällig ist zudem, dass der unabhängige Beitrag der einzelnen Items sehr unterschiedlich ausfällt. Durch die Hinzunahme des fünften Items kann beispielsweise kein weiterer Anteil der Schulleistungsvarianz über den Beitrag des Alters, Geschlechts und des Gesamt-Intelligenzquotienten hinaus aufgeklärt werden; das vierte Item hingegen klärt weitere 10,8% der Gesamtvarianz auf und übertrifft damit sogar den unabhängigen Beitrag des Fähigkeitsselbstkonzeptes Mathematik (7,1%). Auch das zweite Item liegt mit einem Beitrag von 7,4% an der Varianzaufklärung über dem Wert des mathematikspezifischen Fähigkeitsselbstkonzeptes. Dies trifft ebenso auf die Kurzskala insgesamt zu, die einen Beitrag von 9,1% an der Varianzaufklärung leistet. Immerhin noch 3,4% der Gesamtvarianz kann das dritte Item als unabhängigen Beitrag aufklären. Ein Vergleich der Beta-Gewichte zeigt auch für diese Regressionsanalyse die zentralere Bedeutung des Erklärungsbeitrags der allgemeinen kognitiven Leistungsfähigkeit auf (z.B. Modell 3d: Beta-Gewicht G-IQ = .363 verglichen mit Beta-Gewicht Item 3 = -.196).

Zusätzlich wird der Beitrag der mathematikspezifischen Motivation über fremdkontrollierte Anreize in Verbindung mit dem Fähigkeitsselbstkonzept Mathematik untersucht – wiederum getrennt betrachtet für die Gesamtskala und für die fünf Items der Kurzskala (s. Tab. 40).

Durch die gemeinsame Aufnahme des Fähigkeitsselbstkonzeptes Mathematik und der Kurzskala Fremdbewertungsanreize können zusätzlich zum Beitrag des Alters, Geschlechts und der allgemeinen kognitiven Leistungsfähigkeit 13,6% der Schulleistungsvarianz in Mathematik aufgeklärt werden; insgesamt steigt die Varianzaufklärung auf 36,1%.

Tabelle 40. Multiple Regressionsanalyse der Schulleistung in Mathematik durch Alter und Geschlecht der Schüler, Gesamt-Intelligenzquotient, Fähigkeitsselbstkonzept Mathematik und mathematikspezifische Motivation über fremdkontrollierte Anreize im Verbund (Fortsetzung von Tabelle 39)

Modell	**Variablen**	**Beta**	**T**	**p**	**R**	**R^2**	**Änderung in R^2**	**F**	**Signifikanz von F**
4a	Alter	-.309	-3.365	.001	.600	.361	.136	9.810	.000
	Geschlecht	.131	1.443	.153					
	G-IQ zu t_2	.283	3.085	.003					
	FSK MA	.225	2.470	.015					
	Skala	-.330	-3.577	.001					

4b	Alter	-.257	-2.649	.010	.533	.285	.060	6.921	.000
	Geschlecht	.092	.959	.340					
	G-IQ zu t_2	.342	3.606	.001					
	FSK MA	.214	2.220	.029					
	Item 1	-.142	-1.483	.142					
4c	Alter	-.236	-2.644	.010	.589	.347	.122	9.249	.000
	Geschlecht	.141	1.523	.131					
	G-IQ zu t_2	.295	3.204	.002					
	FSK MA	.235	2.552	.012					
	Item 2	-.295	-3.276	.002					
4d	Alter	-.263	-2.810	.006	.556	.309	.084	7.766	.000
	Geschlecht	.130	1.365	.176					
	G-IQ zu t_2	.313	3.306	.001					
	FSK MA	.238	2.501	.014					
	Item 3	-.219	-2.301	.024					
4e	Alter	-.297	-3.300	.001	.608	.370	.145	10.201	.000
	Geschlecht	.086	.949	.345					
	G-IQ zu t_2	.271	2.959	.004					
	FSK MA	.203	2.246	.027					
	Item 4	-.342	-3.772	.000					
4f	Alter	-.212	-2.225	.029	.517	.267	.042	6.341	.000
	Geschlecht	.100	1.029	.306					
	G-IQ zu t_2	.356	3.731	.000					
	FSK MA	.220	2.242	.028					
	Item 5	.025	.264	.793					

Anmerkung: FSK MA: Fähigkeitsselbstkonzept Mathematik

Der Beitrag des Verbunds von Fähigkeitsselbstkonzept Mathematik und den fünf einzelnen Items der Kurzskala Fremdbewertungsanreize fällt unterschiedlich hoch aus: Das Fähigkeitsselbstkonzept Mathematik und das fünfte Item können über den Erklärungsbeitrag von Alter, Geschlecht und allgemeiner Intelligenz hinaus zusammen nur weitere 4,2% der Varianz aufklären, der gemeinsame Beitrag des Fähigkeitsselbstkonzeptes Mathematik und des vierten Items hingegen liegt bei 14,5%. Gemeinsam mit den Merkmalen Alter, Geschlecht und allgemeiner kognitiver Leistungsfähigkeit können die beiden letztgenannten motivationalen Variablen 37% der Schulleistungsvarianz in Mathematik erklären.

Aufklärung der Schulleistungsvarianz in Deutsch durch den Gesamt-Intelligenzquotienten und das Fähigkeitsselbstkonzept Schreiben bzw. Lesen (Hypothesen 11 und 12)

Analog zum Vorgehen für die Schulleistung in Mathematik wird auch für die schulische Leistung in Deutsch die Aufklärung der Schulleistungsvarianz mit Hilfe der hierarchischen Regressionsanalyse bestimmt. Als erster Block werden wiederum die Variablen Alter und Geschlecht der Schüler eingegeben. Im zweiten Schritt schließt sich die Aufnahme des Gesamt-Intelligenzquotienten an. Abschließend wird das Fähigkeitsselbstkonzept Schreiben bzw. Lesen aufgenommen.

Tabelle 41. Multiple Regressionsanalyse der Schulleistung in Deutsch durch Alter und Geschlecht der Schüler, Gesamt-Intelligenzquotient und Fähigkeitsselbstkonzept Schreiben (Modell 3a) bzw. Lesen (Modell 3b)

Modell	Variablen	Beta	T	p	R	R^2	Änderung in R^2	F	Signifikanz von F
1	Alter	-.128	-1.232	.221	.179	.032	.032	1.491	.231
	Geschlecht	-.114	-1.099	.275					
2	Alter	-.125	-1.297	.198	.427	.183	.151	6.634	.000
	Geschlecht	-.036	-.368	.714					
	G-IQ zu t_2	.396	4.051	.000					
3a	Alter	-.012	-.134	.894	.613	.376	.193	13.249	.000
	Geschlecht	.001	.017	.987					
	G-IQ zu t_2	.309	3.524	.001					
	FSK SCH	.466	5.218	.000					
3b	Alter	-.081	-.806	.422	.451	.203	.020	5.606	.000
	Geschlecht	-.050	-.513	.609					
	G-IQ zu t_2	.354	3.497	.001					
	FSK LES	.156	1.498	.138					

Anmerkungen: FSK SCH: Fähigkeitsselbstkonzept Schreiben; FSK LES: Fähigkeitsselbstkonzept Lesen

Aus Tabelle 41 kann entnommen werden, dass das Alter und das Geschlecht der Schüler nur 3,2% zur Aufklärung der Schulleistungsvarianz im Fach Deutsch beitragen; für keines der Modelle können alters- und geschlechtsspezifische Effekte festgestellt werden. Überraschenderweise leistet das Fähigkeitsselbstkonzept Schreiben einen unabhängigen Beitrag von signifikanten 19,3% und liegt damit über dem Beitrag der allgemeinen kognitiven Leistungsfähigkeit mit einem eigenständigen Beitrag von 15,1%, während das Fähigkeitsselbstkonzept Lesen nur nicht signifikante 2% der Gesamtvarianz erklärt. Gemeinsam können die Variablen Alter und Geschlecht der Schüler, Gesamt-Intelligenzquotient und Fähigkeitsselbstkonzept Schreiben 37,6% der Schulleistungsvarianz aufklären. Die im Vergleich zur allgemeinen kognitiven Leistungsfähigkeit zentralere Bedeutung des Erklärungsbeitrags des Fähigkeitsselbstkonzeptes Schreiben für die Regressionsschätzung im Fach Deutsch spiegelt sich wiederum in den Beta-Koeffizienten wider (Beta-Gewicht FSK Schreiben = .466 verglichen mit Beta-Gewicht G-IQ = .309). Aus diesem Grund wird die Hypothese H 11 angenommen.

Durch die Hinzunahme des Fähigkeitsselbstkonzeptes Lesen können dagegen nur vernachlässigenswerte 2% der Gesamtvarianz aufgeklärt werden. Die Hypothese H 12 muss daher abgewiesen werden.

Varianzzerlegung für die Schulleistung in Mathematik (Hypothese 13)

Im Rahmen einer Kommunalitätenanalyse wird die Varianzzerlegung der durch den Gesamt-Intelligenzquotienten und das Fähigkeitsselbstkonzept Mathematik erklärten Schulleistungsvarianz in Mathematik untersucht.

Kriterium: Mathematikzensur; Prädiktoren: G-IQ und FSK Mathematik

Der Gesamt-Intelligenzquotient und das Fähigkeitsselbstkonzept Mathematik klären zusammen 26,6% der mathematischen Schulleistungsvarianz auf (s. Tab. 38). Die Berechnungen der Semipartialkorrelationen $r_{CA'}$ und $r_{CB'}$ (vgl. Abschnitt 6.4) ergeben die im Folgenden ausführlich dargestellten Ergebnisse:

$R^2 = .266 = a + b + ab,$

$r_{(\text{Mathematikzensur; G-IQ ohne FSK Mathematik})} = .372 > r^2 = .138 = a,$

$r_{(\text{Mathematikzensur; FSK Mathematik ohne G-IQ})} = .232 > r^2 = .054 = b,$

$ab = R^2 - a - b = .266 - .138 - .054 = .074.$

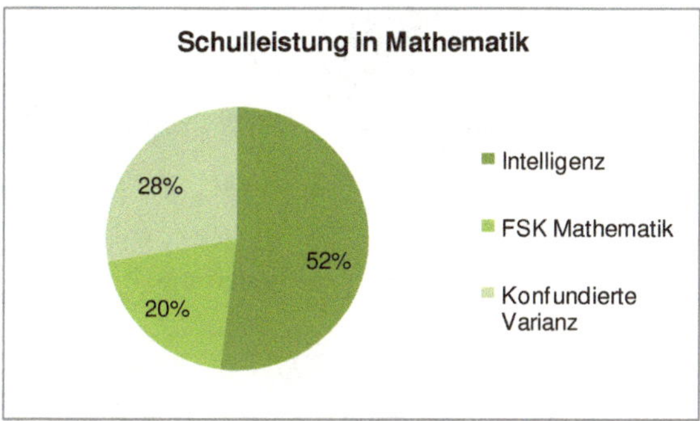

Abbildung 12. Varianzzerlegung für die Schulleistung in Mathematik I

Damit ergibt sich ein spezifischer Erklärungsbeitrag der allgemeinen kognitiven Leistungsfähigkeit von 51,9%, der spezifische Erklärungsbeitrag des Fähigkeitsselbstkonzeptes Mathematik beträgt 20,3% und der konfundierte Varianzanteil liegt bei 27,8% (s. Abb. 12). Aus diesem Grund wird die Hypothese H 13 angenommen.

Explorativ wird darüber hinaus die durch den Gesamt-Intelligenzquotienten und die mathematikspezifischen Motivation über fremdkontrollierte Anreize erklärte Schulleistungsvarianz zerlegt. Die Kommunalitätenanalyse wird jedoch nur für die gesamte Kurzskala und für jene Items durchgeführt, die sich in den regressionsanalytischen Berechnungen als signifikante Prädiktoren für die mathematische Schulleistung erwiesen haben; dies trifft auf das zweite, dritte und vierte Item zu.

Kriterium: Mathematikzensur; Prädiktoren: G-IQ und Kurzskala

Zusammen klären der Gesamt-Intelligenzquotient und die Kurzskala Fremdbewertungsanreize 31,6% der Schulleistungsvarianz in Mathematik auf (s. Tab. 39). Die Berechnungen der Semipartialkorrelationen $r_{CA'}$ und $r_{CB'}$ (vgl. Abschnitt 6.4) ergeben die folgenden Ergebnisse:

$r_{(\text{Mathematikzensur; G-IQ ohne Kurzskala})} = .353$ ($r^2 = .125$),

$r_{(\text{Mathematikzensur; Kurzskala ohne G-IQ})} = -.343$ ($r^2 = .118$).

Daher liegt der spezifische Erklärungsbeitrag der allgemeinen kognitiven Leistungsfähigkeit bei 39,6%, die Kurzskala Fremdbewertungsanreize klärt 37,3% der insgesamt erklärten Varianz auf, der konfundierte Varianzanteil beträgt 23,1% (s. Abb. 13).

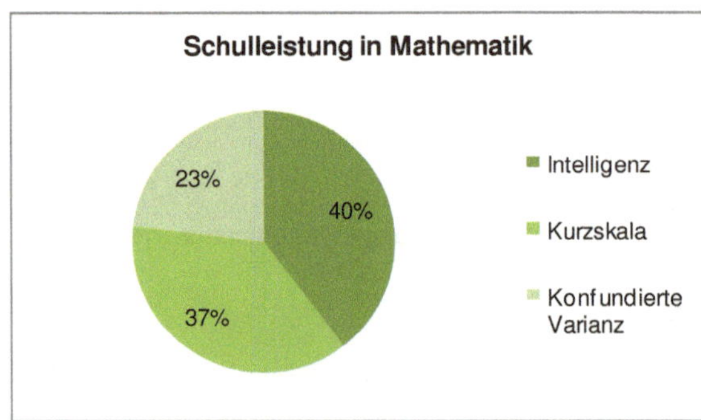

Abbildung 13. Varianzzerlegung für die Schulleistung in Mathematik II

Kriterium: Mathematikzensur; Prädiktoren: G-IQ und Item 2

Der Gesamt-Intelligenzquotient und das zweite Item klären zusammen 29,8% der mathematischen Schulleistungsvarianz auf (s. Tab. 39). Die Berechnungen der Semipartialkorrelationen $r_{CA'}$ und $r_{CB'}$ (vgl. Abschnitt 6.4) ergeben die folgenden Ergebnisse:

$r_{(\text{Mathematikzensur; G-IQ ohne Item 2})} = .367$ ($r^2 = .135$),

$r_{(\text{Mathematikzensur; Item 2 ohne G-IQ})} = -.308$ ($r^2 = .095$).

Somit beträgt der spezifische Erklärungsbeitrag der allgemeinen kognitiven Leistungsfähigkeit 45,3%, der spezifische Erklärungsbeitrag des zweiten Items beträgt 31,9% und der konfundierte Varianzanteil liegt bei 22,8% (s. Abb.14).

Kriterium: Mathematikzensur; Prädiktoren: G-IQ und Item 3

Der Gesamt-Intelligenzquotient und das dritte Item klären zusammen 25,9% der mathematischen Schulleistungsvarianz auf (s. Tab. 39). Die Berechnungen der Semipartialkorrelationen $r_{CA'}$ und $r_{CB'}$ (vgl. Abschnitt 6.4) ergeben die folgenden Ergebnisse:

$r_{(\text{Mathematikzensur; G-IQ ohne Item 3})} = .376$ ($r^2 = .141$),

$r_{(\text{Mathematikzensur; Item 3 ohne G-IQ})} = -.210$ ($r^2 = .044$).

Damit liegt der spezifische Erklärungsbeitrag der allgemeinen kognitiven Leistungsfähigkeit bei 54,4%, der spezifische Anteil des dritten Items beträgt 17% und der konfundierte Varianzanteil beträgt 28,6% (s. Abb. 14).

Kriterium: Mathematikzensur; Prädiktoren: G-IQ und Item 4

Der Gesamt-Intelligenzquotient und das vierte Item klären zusammen 33,3% der mathematischen Schulleistungsvarianz auf (s. Tab. 39). Die Berechnungen der Semipartialkorrelationen $r_{CA'}$ und $r_{CB'}$ (vgl. Abschnitt 6.4) ergeben die folgenden Ergebnisse:

$r_{(\text{Mathematikzensur; G-IQ ohne Item 4})} = .336$ ($r^2 = .113$),

$r_{(\text{Mathematikzensur; Item 4 ohne G-IQ})} = -.374$ ($r^2 = .14$).

Der spezifische Erklärungsbeitrag der allgemeinen kognitiven Leistungsfähigkeit liegt somit bei 34%, der spezifische Erklärungsbeitrag des vierten Items liegt bei 42% und der konfundierte Varianzanteil beträgt 24% (s. Abb. 14).

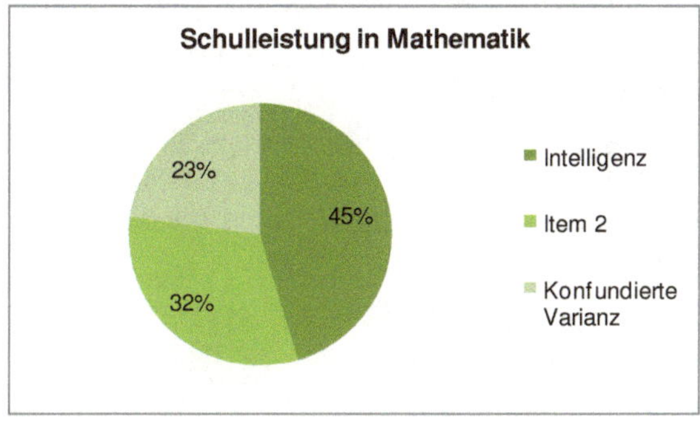

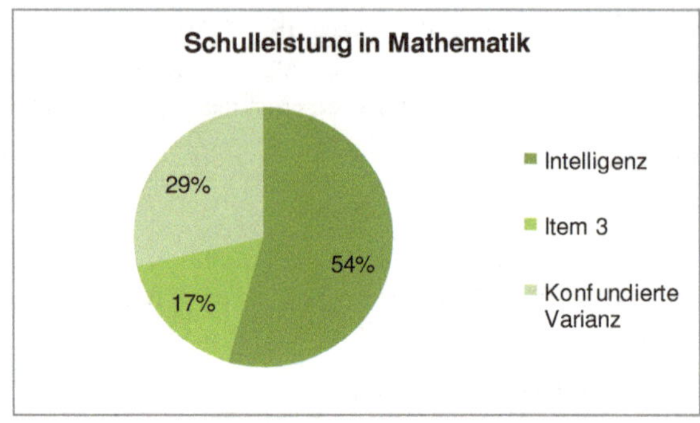

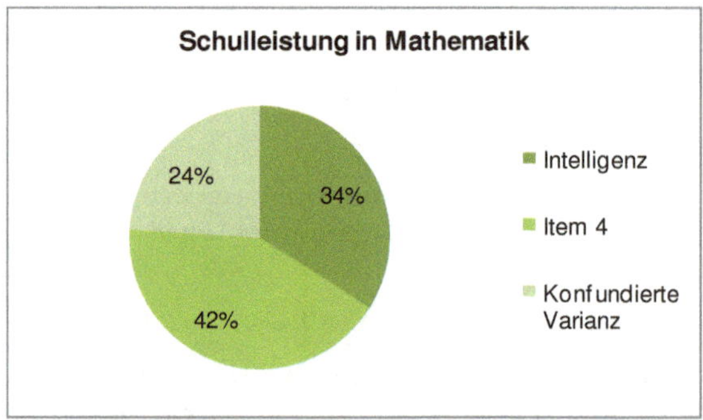

Abbildung 14. Varianzzerlegung für die Schulleistung in Mathematik III

Varianzzerlegung für die Schulleistung in Deutsch (Hypothesen 14 und 15)

Analog zum Vorgehen für die mathematische Schulleistung wird für die Schulleistung in Deutsch im Rahmen einer kommunalitätenanalytischen Untersuchung die durch den Gesamt-Intelligenzquotienten und das Fähigkeitsselbstkonzept Schreiben bzw. das Fähigkeitsselbstkonzept Lesen erklärte Varianz zerlegt.

Kriterium: Deutschzensur; Prädiktoren: G-IQ und FSK Schreiben

Der Gesamt-Intelligenzquotient und das Fähigkeitsselbstkonzept Schreiben klären zusammen 37,6% der Schulleistung in Deutsch auf (s. Tab. 41). Die Berechnungen der Semipartialkorrelationen $r_{CA'}$ und $r_{CB'}$ (vgl. Abschnitt 6.4) ergeben die folgenden Ergebnisse:

$r_{(\text{Deutschzensur; G-IQ ohne FSK Schreiben})} = .352$ ($r^2 = .012$),

$r_{(\text{Deutschzensur; FSK Schreiben ohne G-IQ})} = .486$ ($r^2 = .236$).

Daher beträgt der spezifische Erklärungsbeitrag der allgemeinen kognitiven Leistungsfähigkeit 3,2%, der spezifische Anteil des Fähigkeitsselbstkonzeptes Schreiben liegt bei 62,8% und der konfundierte Varianzanteil beträgt 34% (s. Abb. 15). Aus diesem Grund wird die Hypothese H 14 angenommen.

Kriterium: Deutschzensur; Prädiktoren: G-IQ und FSK Lesen

Der Gesamt-Intelligenzquotient und das Fähigkeitsselbstkonzept Lesen klären zusammen 20,3 % der Schulleistung in Deutsch auf (s. Tab. 41). Die Berechnungen der Semipartialkorrelationen $r_{CA'}$ und $r_{CB'}$ (vgl. Abschnitt 6.4) ergeben die folgenden Ergebnisse:

$r_{(\text{Deutschzensur; G-IQ ohne FSK Lesen})} = .349$ ($r^2 = .122$),

$r_{(\text{Deutschzensur; FSK Lesen ohne G-IQ})} = .158$ ($r^2 = .025$).

Der spezifische Erklärungsbeitrag der allgemeinen kognitiven Leistungsfähigkeit beträgt deshalb 60,1%, der spezifische Anteil des Fähigkeitsselbstkonzeptes Lesen liegt bei 12,3% und der konfundierte Varianzanteil beträgt 27,6% (s. Abb. 15). Die Hypothese H 15 wird daher akzeptiert.

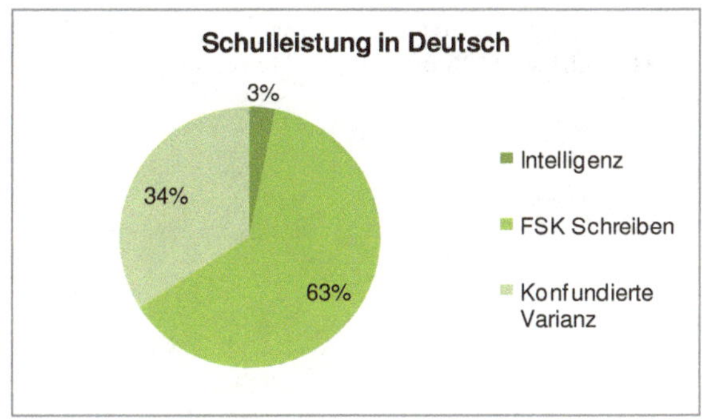

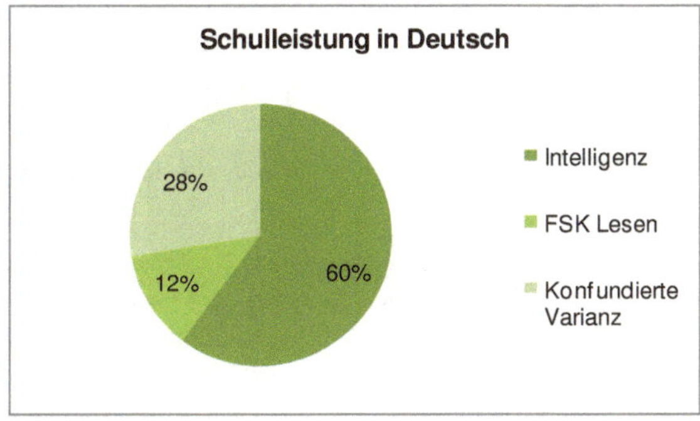

Abbildung 15. Varianzzerlegung für die Schulleistung in Deutsch

7.3.4 Schulleistungsmodell unter Berücksichtigung von soziodemographischen Variablen in zwei verschiedenen Altersgruppen

Schulleistungsmodell für das Grundschulalter (Hypothesen 16 und 17)

Die Prüfung der Hypothesen 16 und 17 vollzieht sich in zwei Schritten: Anhand einer konfirmatorischen Faktorenanalyse werden zunächst die Indikatorvariablen für die latenten exogenen Variablen soziodemographischer Hintergrund und Intelligenz bestimmt. Anschließend folgt im zweiten Schritt die Prüfung des Pfadmodells (Backhaus et al., 2008). Als Indikatorvariablen werden die zum ersten Testzeitpunkt erhobenen Variablen herangezogen. In Anlehnung an Watkins et al. (2007) wird die Intelligenz über die kognitiven Teilleistungsbereiche operationalisiert. Aufgrund der Stichprobengröße wird die Anzahl der Indikatorvariablen pro Konstrukt auf zwei Indikatorvariablen festgelegt (Backhaus et al., 2008). Als die beiden zentralsten Bestimmungsgrößen des soziodemographischen Hintergrunds werden der formale Bildungsabschluss der Mutter und der formale Bildungsabschluss des Vaters identifiziert. Als die beiden zentralsten Bestimmungsgrößen der Intelligenz erweisen sich das Wahrnehmungsgebundene Logische Denken und das Arbeitsgedächtnis. Das in Abbildung 16 dargelegte Schulleistungsmodell zeigt eine gute Anpassung an die Daten (*Chi-square* = 3.92, *df* = 6, *GFI* = .986, *NFI* = .967, *RMSEA* = .000). Aufgrund der entsprechenden positiven Determinationskoeffizienten können die Hypothesen H 16 und H 17 angenommen werden.

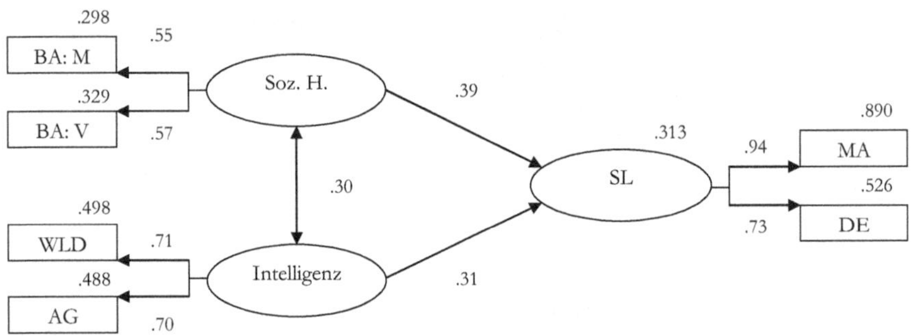

Abbildung 16. Schulleistungsmodell für das Grundschulalter (Pfaddiagramm mit Schätzergebnissen der standardisierten Lösung)

Anmerkungen: Soz. H.: Soziodemographischer Hintergrund; SL: Schulleistung; BA: M: formaler Bildungsabschluss der Mutter; BA: V: formaler Bildungsabschluss des Vaters; WLD: Wahrnehmungsgebundenes Logisches Denken; AG: Arbeitsgedächtnis; MA: Mathematikzensur; DE: Deutschzensur

Die latenten exogenen Konstrukte Soziodemographischer Hintergrund und Intelligenz erklären zusammen 31,3% der Varianz des Konstrukts Schulleistung. Am stärksten wird die Schulleistung vom Soziodemographischen Hintergrund beeinflusst.

Neben diesen direkten Beeinflussungseffekten lassen sich über die unstandardisierte Lösung der Modellschätzung auch indirekte Beeinflussungseffekte erfassen. „Indirekte kausale Effekte ergeben sich immer dann, wenn sich im Pfaddiagramm die Beziehung zwischen zwei Variablen über ein oder mehrere zwischengeschaltete Variablen finden läßt" (Backhaus, Erichson, Plinke & Weiber, 2006, S. 406). Durch Multiplikation der betreffenden Koeffizienten kann der indirekte Beeinflussungseffekt berechnet werden. Addiert ergeben die direkten und indirekten Effekte den totalen Beeinflussungseffekt (Backhaus et al., 2006). Für den vorliegenden Fall der Stichprobe der Grundschüler bedeutet dies, dass der Soziodemographische Hintergrund folgenden indirekten und totalen Effekt auf die Schulleistung ausübt:

Indirekter Effekt = 1.30 x .08 = .104

Totaler Effekt = .39 + .104 = .494

Insgesamt wird die Schulleistung also positiv vom Soziodemographischen Hintergrund beeinflusst.

Für den Einfluss der Intelligenz auf die Schulleistung sind nachfolgende Effekte zu berichten:

Indirekter Effekt = 1.30 x 1.93 = 2.509

Totaler Effekt = .31 + 2.509 = 2.819

Die Schulleistung wird daher insgesamt positiv von der Intelligenz beeinflusst.

Schulleistungsmodell für das Sekundarstufenalter (Hypothesen 18 und 19)

Als zentralste Bestimmungsgrößen des soziodemographischen Hintergrunds werden auch für die Stichprobe der Sekundarstufenschüler der formale Bildungsabschluss der Mutter und der formale Bildungsabschluss des Vaters identifiziert. Im Gegensatz zur Stichprobe der Grundschüler erweisen sich jedoch das Sprachverständnis und das Wahrnehmungsgebundene Logische Denken als die beiden zentralsten Bestimmungsgrößen der Intelligenz. Das in Abbildung 17 veranschaulichte Pfadmodell zeigt ebenfalls eine gute Anpassung an die Daten (*Chi-square* = 6.819, *df* = 6, *GFI* = .987, *NFI* = .971, *RMSEA* = .029). Gemäß der positiven Determinationskoeffizienten werden die Hypothesen H 18 und H 19 akzeptiert.

Zusammen erklären die latenten exogenen Konstrukte Soziodemographischer Hintergrund und Intelligenz 25,3% der Varianz des latenten endogenen Konstrukts Schulleistung. Am stärksten wird die Schulleistung von der Intelligenz beeinflusst.

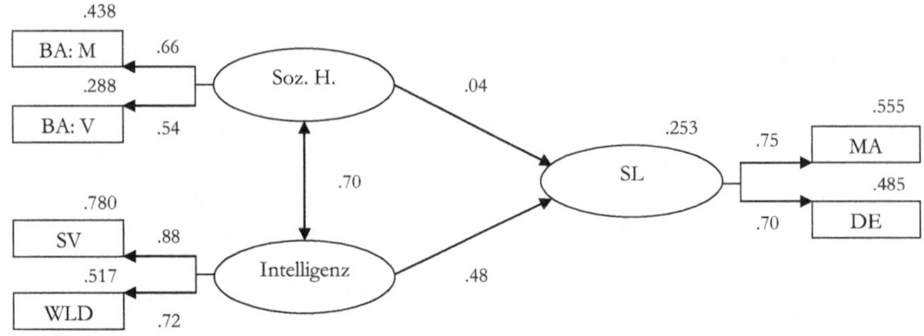

Abbildung 17. Schulleistungsmodell für das Sekundarstufenalter (Pfaddiagramm mit Schätzergebnissen der standardisierten Lösung)

Anmerkungen: Soz. H.: Soziodemographischer Hintergrund; SL: Schulleistung; BA: M: formaler Bildungsabschluss der Mutter; BA: V: formaler Bildungsabschluss des Vaters; SV: Sprachverständnis; WLD: Wahrnehmungsgebundenes Logisches Denken; MA: Mathematikzensur; DE: Deutschzensur

Für diese Stichprobe ergibt sich für den Soziodemographischen Hintergrund folgender indirekter Effekt auf die Schulleistung:

Indirekter Effekt = 2.89 x .14 = .405

Totaler Effekt = .04 +.405 = .445

Der Soziodemographische Hintergrund beinflusst die Schulleistung deshalb insgesamt positiv.

Für die Intelligenz können folgende Effekte auf die Schulleistung verzeichnet werden:

Indirekter Effekt = 2.89 x .19 = .549

Totaler Effekt = .48 + .549 = 1.029

Insgesamt wird die Schulleistung also positiv von der Intelligenz beeinflusst.

8 Diskussion

8.1 Zusammenhang von Intelligenz und Schulleistung

Zusammenhang zwischen Gesamt-Intelligenzquotient und Schulleistungsindikatoren

Zum Zusammenhang zwischen allgemeiner Intelligenz, operationalisiert über den Gesamt-Intelligenzquotient, und den Schulleistungsindikatoren ist vor allem ein Aspekt hervorzuheben: Die in der SCHOLASTIK-Studie berichteten deutlich höheren Zusammenhänge zwischen Intelligenz und mathematischer Schulleistung im Vergleich zum Zusammenhang von Intelligenz und Schulleistung in Deutsch (vgl. Abschnitt 3.3.2) können in der vorliegenden Studie bezogen auf den Gesamt-Intelligenzquotienten nicht festgestellt werden. Als Gründe könnten beispielsweise die unterschiedlichen Erhebungsinstrumente für Intelligenz und Schulleistung in Betracht gezogen werden. Mit den annähernd gleich hohen Korrelationen stehen die Ergebnisse der vorliegenden Studie vielmehr im Einklang mit den von Spinath et al. (2006) publizierten Forschungsbefunden.

Zusammenhang zwischen Index-Werten und Schulleistungsindikatoren

Die korrelativen Zusammenhänge zwischen den Index-Werten des HAWIK-IV und den Zensuren zeichnen zu den beiden Messzeitpunkten ein unterschiedliches Bild: Zum ersten Testzeitpunkt bestehen zwischen den Index-Werten und den Zensuren durchgängig niedrigere Korrelationen als zwischen dem Gesamt-Intelligenzquotienten und den Zensuren. Zudem können die höchsten korrelativen Zusammenhänge zwischen dem Index Sprachverständnis und den Zensuren vermerkt werden. Dies stimmt mit den Darstellungen von Colom und Flores-Mendoza (2007) überein. Zum zweiten Testzeitpunkt jedoch kann dies nicht berichtet werden. Die höchsten Korrelationen sind nun jeweils zwischen dem Index Arbeitsgedächtnis und den Zensuren zu verzeichnen. Zudem treten zu beiden Testzeitpunkten auch nicht signifikante Korrelationen auf, beispielsweise zwischen dem Index Verarbeitungsgeschwindigkeit und den Zensuren zu beiden Messzeitpunkten. Da zum HAWIK-IV noch keine vergleichbaren Studien vorliegen, ist es zukünftigen Forschungsbestrebungen überlassen, diesen Sachverhalt näher zu beleuchten. Bis dahin erscheint es ratsam, bei entsprechenden Fragestellungen den Gesamt-Intelligenzquotienten des HAWIK-IV als besten kognitiven Prädiktor der Schulleistung heranzuziehen.

8.2 Stabilität von Intelligenz und Schulleistung

Stabilität der Intelligenztestwerte

Erwartungsgemäß kann für die allgemeine kognitive Leistungsfähigkeit die größte Stabilität berichtet werden, gefolgt von den kognitiven Teilleistungsbereichen Sprachverständnis, Wahrnehmungegebundenes Logisches Denken, Verarbeitungsgeschwindigkeit und Arbeitsgedächtnis. Die im Vergleich zu Petermann und Petermann (2007) durchgängig niedrigeren Stabilitätskoeffizienten können verschiedene Ursachen haben. Zum Einen ist die unterschiedliche Stichprobenzusammensetzung zu bedenken. Zum Anderen muss das durchschnittliche Retestintervall berücksichtigt werden: Dieses liegt bei Petermann und Petermann (2007) bei 18 Tagen, in der vorliegenden Studie wurde mit einem durchschnittlichen Retestintervall von 6,5 Monaten ein wesentlich größerer zeitlicher Abstand zwischen den beiden Testungen realisiert. Da bislang keine weiteren Studien zur Stabilität der mit dem HAWIK-IV erhobenen Intelligenztestwerte für den deutschen Sprachraum vorliegen, obliegt es zukünftigen Studien, diesen Sachverhalt weiter erforscht werden.

Zu diskutieren ist in diesem Zusammenhang auch der Anstieg der IQ-Werte vom ersten zum zweiten Testzeitpunkt. Beispielsweise steht der Anstieg von 3,1 IQ-Punkten für das Sprachverständnis im Einklang mit den von Kamphaus (2005) referierten Ergebnissen von 2-3 IQ-Punkten für die Untertests des Verbalteils der WISC-III, wenngleich auch an dieser Stelle unterschiedliche Retestintervalle zu beachten sind. Die Zunahme der IQ-Punkte für die allgemeine kognitive Leistungsfähigkeit liegt mit 5,43 Punkten leicht unter den in der Literatur für die WISC-III und die Altergruppe der Grundschüler dargestellten Werten. Allerdings beruhen diese auf einem durchschnittlichen Retestintervall von drei Wochen. Das vorliegende Retestintervall ist in den Bereich der langen Retestintervalle einzuordnen, für welche die Größe des Übungseffekts wieder kleiner ausfallen kann, da zum Beispiel die Testinhalte zwischenzeitlich vergessen wurden (Kaufman, 1994).

Stabilität der Zensuren

Die für die Zensuren in Deutsch und Mathematik berichteten Stabilitätskoeffizienten stimmen mit den von Tent (2006b) zusammenfassend aufgeführten Forschungsbefunden überein (vgl. Abschnitt 2.1.4). Es ist anzumerken, dass eines der von Ziegenspeck (1999) formulierten Charakteristiken von Schulnoten in der Grundschule – Noten in den Extrembereichen werden nur sehr selten vergeben – in der vorliegenden Arbeit insbesondere für den Bereich der schlechten Zensuren zutrifft: Zu beiden Testzeitpunkten wird kein „ungenügend" = (6) vergeben, ein „mangelhaft" = (5) tritt insgesamt nur dreimal auf.

8.3 Aufklärung der Schulleistungsvarianz durch Intelligenz und Motivation

Zusammenhang zwischen den bereichsspezifischen Fähigkeitsselbstkonzepten und den korrespondierenden Indikatoren der Schulleistung

Bevor die zu diesem Themenbereich relevanten Ergebnisse diskutiert werden, soll zunächst noch eine Anmerkung zu den deskriptiven Ergebnissen der Fähigkeitsselbstkonzepte erfolgen: Die Mittelwerte der drei bereichsspezifischen Fähigkeitsselbstkonzepte liegen durchgängig über dem statistischen Mittelwert. Diese etwas überzogene Einschätzung der eigenen Fähigkeiten stimmt mit entsprechenden Forschungsbefunden überein und wird aus psychohygienischer Perspektive als positiv beurteilt (Filipp, 2006).

Die in Abschnitt 7.3.2 aufgeführten konkurrenten Korrelationen zwischen den Fähigkeitsselbstkonzepten und den Zensuren bestätigen für das Fähigkeitsselbstkonzept Mathematik und das Fähigkeitsselbstkonzept Schreiben die in der Fachliteratur belegte diskriminante Validität (Helmke, 1997; Schilling et al., 2004; vgl. Abschnitt 3.3.3). Das Fähigkeitsselbstkonzept Lesen hingegen weist sowohl zur Deutschzensur als auch zur

Mathematikzensur signifikante korrelative Zusammenhänge auf, wenngleich diese jeweils etwas niedriger ausfallen als die Korrelationen zwischen dem Fähigkeitsselbstkonzept Mathematik und der Mathematikzensur sowie zwischen dem Fähigkeitsselbstkonzept Schreiben und der Deutschzensur. Die Höhe der Korrelationen weicht leicht von den von Helmke (1997) publizierten Zusammenhängen ab, beispielsweise fällt der korrelative Zusammenhang zwischen dem Fähigkeitsselbstkonzept Mathematik und der Mathematikzensur etwas niedriger aus, für das Fähigkeitsselbstkonzept Schreiben und die Deutschzensur kann hingegen eine etwas höhere Korrelation berichtet werden. Diese Unterschiede könnten in der Operationalisierung der Schulleistung begründet sein: Helmke (1997) hat Schulleistungstests eingesetzt, in der vorliegenden Studie werden die Zensuren verwendet. Beachtenswert ist zudem, dass das Fähigkeitsselbstkonzept Schreiben eine höhere Korrelation zur Mathematikzensur aufweist als das Fähigkeitsselbstkonzept Mathematik.

Diese Ergebnisse implizieren mehrere Schlussfolgerungen. Der von Kammermeyer und Martschinke (2003) dargestellte Aspekt – die Operationalisierung des Fähigkeitsselbstkonzeptes über drei bereichsspezifische Facetten – sollte bei der dringend benötigten Entwicklung von Verfahren zur Erfassung des schulischen Fähigkeitsselbstkonzeptes im Grundschulalter Berücksichtigung finden (vgl. Abschnitt 4.2.4). Weiterhin könnte aufgrund der aufgeführten Ergebnisse bei der bereichsspezifischen Betrachtung der Zusammenhänge von Schulleistung und Fähigkeitsselbstkonzept zukünftig für den Bereich der Schulleistung in Deutsch die Operationalisierung des Fähigkeitsselbstkonzeptes über die Bereiche Schreiben und Lesen angemessen sein, für die mathematische Schulleistung hingegen empfiehlt sich der Bezug auf die drei genannten Facetten. Dies beantwortet auch in Grundzügen die Frage nach einer bereichsspezifischen oder allgemeinen Erhebung des schulischen Fähigkeitsselbstkonzeptes (vgl. Abschnitt 4.2.4).

Die engen Zusammenhänge zwischen den Fähigkeitsselbstkonzepten Schreiben und Lesen und der Mathematikzensur verdeutlichen darüber hinaus die Verbindung von mathematischen Schulleistungen nicht nur mit Kompetenzen im Bereich des Rechnens, sondern ebenso mit Kompetenzen im schriftsprachlichen Bereich. Dieser Aspekt findet auch in den von der Kultusministerkonferenz formulierten Bildungsstandards im Fach Mathematik für den Primarbereich Ausdruck, die neben den inhaltsbezogenen Kompetenzen auch verschiedene allgemeine Kompetenzen beinhalten (Kultusministerkonferenz, 2005). Fertigkeiten im Lesen und Schreiben sind zum Beispiel für die Bereiche Darstellen, Kommunizieren und Modellieren notwendig. Ebenso wird in aktuellen Kompetenzstufenmodellen für Mathematik im Grundschulalter die Bedeutung ausreichender Fertigkeiten im Lesen und Schreiben offensichtlich (Reiss, 2004; Reiss & Winkelmann, 2008). Der Nachteil einer nicht ausreichenden sprachlichen Kompetenz für die mathematischen Leistungen im ersten Grundschuljahr ist empirisch belegt (Heinze, Herwartz-Emden & Reiss, 2007). Inzwischen werden in pädagogischen Fachkreisen die Bedeutung der Kompetenzen im Lesen und Schreiben sowie verschiedene Formen der Ausbildung und Förderung dieser Kompetenzen im Bereich der Mathematik diskutiert (z.B. Baitinger, 2008; Grassmann, 2008; Selter, 2008). Die differenzierte Auseinandersetzung mit dieser Thematik sollte fortgeführt werden; dabei entwickelte Kompetenzmodelle und Förderansätze sollten zukünftig einer empirischen Überprüfung unterzogen werden.

Explorativ wurde ferner der Zusammenhang zwischen der mathematikspezifischen Motivation über fremdkontrollierte Anreize und der mathematischen Schulleistung untersucht. Die Ergebnisse zeigen folgendes Bild: Es besteht eine signifikant negative Korrelation zwischen der Kurzskala Fremdbewertungsanreize und der Mathematikzensur. Dies bedeutet, je höher die Motivation über fremdkon-trollierte Anreize ausgeprägt ist, desto schlechter fällt die Schulleistung aus. Dieses Ergebnis weicht von den von Rheinberg und Wendland (2002) publizierten Befunden ab. Ein Grund könnte sein, dass in der vorliegenden Studie Grundschüler untersucht werden, den Forschungsergebnissen von Rheinberg und Wendland (2002) liegen die Werte von Sekundarstufenschülern zugrunde. Ebenso beruhen die vorliegenden Ergebnisse auf zeitgleich erhobenen Variablen, während bei Rheinberg und Wendland (2002) die Motivations- und Schulleistungsindikatoren mit einem Abstand von einem halben Jahr erhoben wurden. Aufgrund dieser divergierenden Zusammenhangswerte sollte der Zusammenhang von Schulleistung und Motivation über fremdkontrollierte Anreize in weiteren Studien erforscht werden. Dabei sollten unter Einbezug derselben Erhebungsinstrumente verschiedene Altersstufen im Mittelpunkt der Betrachtung stehen.

Darüber hinaus zeigen die vorliegenden Ergebnisse die Notwendigkeit auf, bereits im Grundschulalter die Entwicklung einer Motivation zu fördern, die im Rahmen der Selbstbestimmungstheorie nicht wie die Motivation über fremdkontrollierte Anreize auf der ersten Stufe der extrinsischen Motivation verankert ist (vgl. Abschnitt 4.3.2). Welche Art der Motivation sich im Zusammenspiel mit Zensuren als förderlich erweist, ist noch zu klären. Ebenso stellt die Ausgestaltung eines im Sinne der Selbstbestimmungstheorie motivationsförderlichen Unterrichts ein zukünftiges Forschungsfeld dar. Rakoczy (2006) hat bespielhaft für den Mathematikunterricht in der Sekundarstufe untersucht, welche Unterrichtsmerkmale Schüler in ihrer Motivation unterstützen. Dabei konnte der positive Einfluss vor allem einer disziplinierten und störungsfreien Unterrichtsführung nachgewiesen werden. Die Übertragbarkeit dieser Forschungsergebnisse auf den Kontext der Grundschule sollte empirisch überprüft werden.

Betrachtet man den beschriebenen Zusammenhang auf der Itemebene, so wird deutlich, dass signifikant negative Zusammenhänge zwischen dem zweiten Item – „In Mathe viel zu können und gut zu sein ist für mich wichtig, damit ich keinen Ärger mit meinen Eltern bekomme“ und der Mathematikzensur sowie zwischen dem vierten Item – „In Mathe viel zu können und gut zu sein ist für mich wichtig, damit ich Taschengeld bekomme“ – und der Mathematikzensur bestehen. Dies ist aus lernpsychologischer Sicht interessant, denn es veranschaulicht, dass der negative Zusammenhang zwischen der Motivation über fremdkontrollierte Anreize und der Mathematikzensur vor allem auf der Bedeutsamkeit der materiellen Handlungsverstärker (Item 4) und der sozialen Verstärkung im Sinne des Wegfalls einer negativen Interaktion (Item 2), wirksam als negative Verstärkung, basiert (Winkel, Petermann & Petermann, 2006). Auch an dieser Stelle ergeben sich Ansatzpunkte für pädagogische Maßnahmen im schulischen und familiären Umfeld, die explizit nicht auf diese Formen der Verstärkung zurück greifen. Dies setzt eine entsprechende Erziehungskompetenz auf Seiten der Lehrer und Eltern voraus (Petermann & Petermann, 2006).

Aufklärung der Schulleistungsvarianz in Mathematik durch den Gesamt-Intelligenzquotienten und das Fähigkeitsselbstkonzept Mathematik

Wie aus den Tabellen 38 bis 40 zu ersehen ist, erweist sich die allgemeine kognitive Leistungsfähigkeit als stärkster einzelner Prädiktor der schulischen Leistung in Mathematik im Grundschulalter: Sie erklärt gut 15% der Schulleistungsvarianz. Das Fähigkeitsselbstkonzept Mathematik kann als einzige motivationale Variable zusätzliche 4% erklären; die Kurzskala Fremdbewertungsanreize als einzige motivationale Variable erklärt 9%; die motivationalen Variablen Fähigkeitsselbstkonzept Mathematik und Kurzskala Fremdbewertungsanreize erklären zusammen im Verbund über den Beitrag der allgemeinen kognitiven Leistungsfähigkeit hinaus 13,6%. Diese Befunde stimmen im Hinblick auf die Reihenfolge der Bedeutsamkeit der Prädiktorvariablen allgemeine kognitive Leistungsfähigkeit und Motivation mit den von Spinath et al. (2006) berichteten Ergebnissen überein. Die Höhe der Beiträge von allgemeiner kognitiver Leistungsfähigkeit und mathematischem Fähigkeitsselbstkonzept liegen leicht unter den von Spinath et al. (2006) publizierten Ergebnissen. Dies kann zum Beispiel auf den unterschiedlichen Erhebungsinstrumenten für Intelligenz und Motivation sowie auf der unterschiedlichen Stichprobenzusammensetzung bezüglich des Alters und des kulturellen Kontextes beruhen (vgl. Abschnitt 3.3.3). Insbesondere der Altersaspekt könnte bedeutsam sein und sollte weiter erforscht werden, denn in der vorliegenden Studie konnte für diese Fragestellung ein signifikanter Alterseffekt festgestellt werden.

Hervorzuheben ist zudem, dass die Motivation über fremdkontrollierte Anreize einen höheren Beitrag zur Aufklärung der Schulleistungsvarianz in Mathematik leistet als das Fähigkeitsselbstkonzept Mathematik, das bislang einen Schwerpunkt der Erforschung der motivationalen Prädiktoren für die mathematische Schulleistung bildete (Dickhäuser, 2006; Helmke, 1997; Schilling et al., 2004). Dieses Konstrukt sollte daher zukünftig verstärkt beachtet werden. Ebenso sollte seine Bedeutung für die Schulleistung in Deutsch geprüft werden. Zugleich verweisen die Ergebnisse darauf, dass sich die Erfassung der mathematikspezifischen Motivation über zwei verschiedene Indikatoren als sinnvoll erweist (vgl. Abschnitt 5.2).

Aufklärung der Schulleistungsvarianz in Deutsch durch den Gesamt-Intelligenzquotienten und das Fähigkeitsselbstkonzept Schreiben bzw. Lesen

Die allgemeine kognitive Leistungsfähigkeit leistet mit einem Beitrag von 15% bei der Aufklärung der Schulleistungsvarianz in Deutsch einen vergleichbar hohen Beitrag wie bei der Aufklärung der Schulleistungsvarianz in Mathematik. Wider Erwarten liegt der Beitrag der allgemeinen kognitiven Leistungsfähigkeit damit unter dem Beitrag des Fähigkeitsselbstkonzeptes Schreiben, welches gute 19% der Schulleistungsvarianz aufklärt. Das Fähigkeitsselbstkonzept Lesen hingegen kann nur vernachlässigenswerte 2% beitragen. Diese Ergebnisse weichen in der Reihenfolge der Beitragshöhen der einzelnen Prädiktorvariablen von Spinath et al. (2006) ab. Auffällig ist aber, dass der Beitrag der allgemeinen kognitiven Leistungsfähigkeit dem Beitrag an der Aufklärung der Schulleistungsvarianz in Mathematik entspricht; die unterschiedlichen Ergebnisse entstehen durch die unterschiedlich hohen Beiträge der beiden Facetten des Fähigkeitsselbstkonzeptes. Da keine signifikanten alters- und geschlechtsspezifischen Effekte berichtet werden können, kommen diese als mögliche Erklärungsansätze nicht in Betracht. Weitere Untersuchungen sind an dieser Stelle daher notwendig. Ebenso verdeutlichen die Ergebnisse wiederum, dass sich eine Erhebung des Fähigkeitsselbstkonzeptes über bereichsspezifische Facetten als sinnvoll erweist. Dies sollte zukünftig Berücksichtigung finden, so wie es für das Leseselbstkonzept in jüngster Zeit im Rahmen der Erfoschung der Lesekompetenz von Fünftklässlern bereits umgesetzt wurde (Retelsdorf & Möller, 2008).

Varianzzerlegung für die Schulleistung in Mathematik

Interessant an der Varianzzerlegung der aufgeklärten Schulleistungsvarianz ist vor allem die Frage nach der Höhe des konfundierten Beitrags zweier unterschiedlicher Prädiktorvariablen, im vorliegenden Fall die allgemeine kognitive Leistungsfähigkeit und verschiedene motivationale Variablen. Für das Fähigkeitsselbstkonzept Mathematik und die allgemeine kognitive Leistungsfähigkeit kann ein konfundierter Beitrag von knapp 28% berichtet werden; dieser liegt über dem spezifischen Beitrag von 20% des Fähigkeitsselbstkonzeptes Mathematik. Im Gegensatz dazu beträgt der konfundierte Beitrag der Kurzskala Fremdbewertungsanreize und der allgemeinen kognitiven Leistungsfähigkeit 23% und liegt damit sehr deutlich unter dem eigenständigen Beitrag von 37% der Kurzskala Fremdbewertungsanreize, welche selbst wiederum nur knapp unter dem spezifischen Beitrag von 40% der allgemeinen kognitiven Leistungsfähigkeit einzuordnen ist. Die dargestellten konfundierten Beiträge stimmen in ihrer Höhe mit den von Spinath et al. (2006) berichteten Ergebnissen überein (vgl. Abschnitt 3.3.4). Als weitere Forschungsperspektive ist auch an dieser Stelle auf die Einbeziehung unterschiedlicher motivationaler Konstrukte im Kontext der Schulleistungsprädiktion zu verweisen (vgl. Abschnitt 5.2). Zusätzlich wird wiederum deutlich, dass das Konstrukt Motivation über fremdkontrollierte Anreize zumindest für den Bereich der mathematischen Schulleistung zukünftig verstärkt Berücksichtigung finden sollte.

Betrachtet man die Beiträge der mathematikspezifischen Motivation über fremdkontrollierte Anreize auf Itemebene, so ist festzustellen, dass der konfundierte Anteil von allgemeiner kognitiver Leistungsfähigkeit und Motivation über fremdkontrollierte Anreize sich zwischen 23% (Item 2) und 29% (Item 3) bewegt. Auch diese Werte stehen im Einklang mit den von Spinath et al. (2006) dargestellten Ergebnissen. Der spezifische Erklärungsbeitrag der drei Items variiert zwischen 17% (Item 3) und 42% (Item 4); an dieser Stelle wird eine große Spannbreite deutlich. Entsprechend schwankt der spezifische Beitrag der allgemeinen kognitiven Leistungsfähigkeit zwischen 34% (Item 4) und 54% (Item 3). Eine weitere Einordnung und Erklärung dieser Ergebnisse ist nicht möglich, weil vergleichbare Forschungsergebnisse für den Bereich der Grundschule nicht vorliegen.

Varianzzerlegung für die Schulleistung in Deutsch

Bei der Betrachtung der Varianzzerlegung für die Schulleistung in Deutsch durch die allgemeine kognitive Leistungsfähigkeit und das Fähigkeitsselbstkonzept Schreiben bzw. das Fähigkeitsselbstkonzept Lesen werden sehr unterschiedliche Befunde ersichtlich: Vergleichbar ist der jeweils konfundierte Anteil der erklärten Schulleistungsvarianz mit

34% für die allgemeine kognitive Leistungsfähigkeit und das Fähigkeitsselbstkonzept Schreiben sowie mit 28% für die allgemeine kognitive Leistungsfähigkeit und das Fähigkeitsselbstkonzept Lesen. Während der spezifische Erklärungsbeitrag des Fähigkeitsselbstkonzeptes Lesen jedoch bei 12% liegt und die allgemeine kognitive Leistungsfähigkeit damit 60% erklärt, beträgt der unabhängige Beitrag des Fähigkeitsselbstkonzeptes Schreibens 63% und der Beitrag der allgemeinen kognitiven Leistungsfähigkeit liegt bei nur 3%. Auch hier wird die Notwendigkeit offensichtlich, das Fähigkeitsselbstkonzept über bereichsspezifische Facetten zu erfassen (vgl. Kammermeyer & Martschinke, 2003). Eine Ursachenklärung für die sehr unterschiedlichen Beiträge des Fähigkeitsselbstkonzeptes Lesen und des Fähigkeitsselbstkonzeptes Schreiben ist zukünftig weiter zu erforschen.

8.4 Schulleistungsmodell unter Berücksichtigung von soziodemographischen Variablen in zwei verschiedenen Altersgruppen

Die Berechnung der Schulleistungsmodelle zeigt sowohl für das Grundschulalter als auch für das Sekundarstufenalter auf, dass die Intelligenz und der soziodemographische Hintergrund jeweils einen direkten und einen indirekten Effekt auf die Schulleistung ausüben. Eine vergleichende Betrachtung der Schulleistungsmodelle veranschaulicht vor allem die differenzielle Bedeutung des soziodemographischen Hintergrunds für die beiden Altersgruppen. Konträr zu den in Abschnitt 3.4.2 dargestellten Forschungsbefunden kann in der vorliegenden Arbeit jedoch ein größerer Einfluss des soziodemographischen Hintergrunds auf die Schulleistung für das Grundschulalter berichtet werden. Die Gründe dafür können unterschiedlicher Natur sein. Beispielsweise wird in der vorliegenden Studie für das Sekundarstufenalter die gesamte Altersspanne von 11 bis 16 Jahren in den Blick genommen; die in Abschnitt 3.4.2 zitierten PISA-Studien beziehen sich ausschließlich auf die Gruppe der 15-Jährigen. Ebenso ist im Kontext der Diskussion zur Stichprobenzusammensetzung ein weiterer Aspekt zu bedenken: Der vorliegenden Arbeit liegen Daten von Schülerinnen und Schülern aus dem Bundesland Nordrhein-Westfalen zugrunde; die aufgeführten Schulleistungsstudien haben Daten aus dem gesamten Bundesgebiet zur Grundlage. Zudem kann aufgrund der Stichprobengröße in der vorliegenden Studie der soziodemographische Hintergrund nur über zwei Variablen – der formale Bildungsabschluss der Mutter und der formale Bildungsabschluss des Vaters – operationalisiert werden. Dies kann nur eingeschränkt mit dem Sozialschicht-Indikator der beschriebenen Schulleistungsstudien in Bezug gesetzt werden (vgl. Abschnitt 3.4.2).

An dieser Stelle sei darüber hinaus auf eine Einschränkung der vorliegenden Arbeit hingewiesen: die Stichprobengröße für das Grundschulalter. Umfassendere statistische Berechnungen, wie sie bei der Untersuchung des Schulleistungsmodells wünschenswert gewesen wären, waren daher nicht mehr möglich. Eine weitere Einschränkung ergibt sich aus der Operationalisierung der Schulleistung: Hier wäre der zusätzliche Einsatz von Schulleistungstests hilfreich gewesen, um die Ergebnisse direkt mit entsprechenden Studien (z.B. Helmke, 1997) vergleichen zu können. Aus organisatorischen Gründen konnte dies jedoch nicht realisiert werden. Ein dritter Punkt betrifft die Operationalisierung des soziodemographischen Hintergrunds: Um eine bessere Vergleichbarkeit mit den zitierten Schulleistungsstudien zu ermöglichen, hätte auch das durchschnittliche Einkommen der Familie erhoben werden müssen. Dies wurde allerdings im Rahmen der Erhebung von Intelligenztestdaten an Schulen nicht vom zuständigen Ministerium genehmigt.

9 Ausblick

Die vorliegende Arbeit befasst sich mit einem bedeutenden Thema der Pädagogischen Psychologie: der Prädiktion schulischer Leistungen. Dabei stellt sie die kognitiven Fähigkeiten eines Schülers in den Mittelpunkt der Betrachtungen und bezieht zusätzlich zwei weitere Prädiktoren – die Motivation und den soziodemographischen Hintergrund – mit ein. Die Ergebnisse der zwei in der Arbeit vorwiegend interessierenden Fragestellungen können folgendermaßen zusammengefasst werden: Bei der Aufklärung der Schulleistungsvarianz durch zwei Prädiktoren – Intelligenz und Motivation – kann festgestellt werden, dass sich die allgemeine kognitive Leistungsfähigkeit übereinstimmend mit der entsprechenden Fachliteratur als der stärkste einzelne Prädiktor für die schulische Leistung in Mathematik erweist. Für die schulische Leistung in Deutsch hingegen ist festzuhalten, dass eine motivationale Variable, das Fähigkeitsselbstkonzept Schreiben, einen höheren Beitrag als die allgemeine kognitive Fähigkeit leistet. Dies unterstreicht die Notwendigkeit einer schulfachspezifischen Erforschung der Schulleistungsprädiktion, wie dies in jüngsten Studien bereits umgesetzt wird (z.B. Ehmke & Siegle, 2008). Daneben verdeutlichen die beträchtlichen konfundierten Beiträge von Intelligenz und Motivation die nicht zu vernachlässigende Bedeutung der Motivation im Kontext der Schulleistungsprädiktion.

Als zukünftige Forschungsimplikationen ist neben den in Kapitel 8 schon benannten Themenfeldern auf verschiedene weitere zu verweisen: Es sollten wie bereits aufgeführt verstärkt verschiedene motivationale Variablen Beachtung finden; insbesondere die Motivation über fremdkontrollierte Anreize könnte für den Bereich der Schulleistung im Primarbereich ein lohnenswertes Konstrukt darstellen. Weiterhin sollten die schulischen Rahmenbedingungen für einen motivationsförderlichen Unterricht näher beleuchtet werden. Dabei sollte auch die Bedingung der Ganztagsschule fokussiert werden, denn dadurch wird das Lernen zunehmend in den Bereich der Nachmittagsbetreuung an Grundschulen verlegt. In Nordrhein-Westfalen bieten 99% der Ganztagsschulen nachmittags als pädagogisches Angebot eine Hausaufgabenbetreuung an (Beher & Börner, 2008). Der Einfluss der Einstellung und des Handelns von Eltern auf die Lernmotivation ihrer Kinder ist bestätigt (vgl. Abschnitt 3.4.3); dies müsste vor dem Hintergrund der Ganztagsschule weiter erforscht werden, wobei auch die pädagogischen Mitarbeiter der Ganztagsschule als potentielle Einflusspersonen bedacht werden sollten. Anknüpfungspunkte für weitere Forschungsthemen ergeben sich aus dem Qualitätsmerkmal der individuellen Förderung (Adelt & Reichel, 2008; ISA, 2007), welches bereits Fend (1980) zum Auftrag der Schule zählte (vgl. Abschnitt 2.1.3). Die Ganztagsschule bietet hierzu unterschiedlichste Gestaltungsmöglichkeiten (Holtappels, 2008); die Begleitung der Realisierung und Ausdifferenzierung dieser Möglichkeiten ist eine Aufgabe für künftige Forschungsarbeiten.

Die Untersuchung der Schulleistungsmodelle in zwei verschiedenen Altersgruppen zeigt die unterschiedliche Bedeutung des soziodemographischen Hintergrunds für die Schulleistungsprädiktion in verschiedenen Altersgruppen auf. Da die vorliegenden Ergebnisse von den in Abschnitt 3.4.2 aufgeführten Forschungsbefunden abweichen sind zu dieser Thematik weitere Forschungsbemühungen erforderlich. Zusätzlich wird die Notwendigkeit einer altersspezifischen Betrachtung der Prädiktion schulischer Leistungen veranschaulicht.

10 Literaturverzeichnis

Adelt, E. & Reichel, N. (2008). Ganztag. Strukturmerkmal zukunftsfähiger Schulen. *Schule NRW, 60,* 158-160.

Aebli, H. (1980). *Denken: das Ordnen des Tuns* (Bd. 1). Stuttgart: Klett-Cotta.

Aebli, H. (1981). *Denken: das Ordnen des Tuns* (Bd. 2). Stuttgart: Klett-Cotta.

Alfonso, V. C., Flanagan, D. P. & Radwan, S. (2005). The impact of the Cattell-Horn-Carroll theory on test development and interpretation of cognitive and academic abilities. In D. P. Flanagan & P. L. Harrison (Eds.), *Contemporary intellectual assessment: Theories, tests, and issues* (2nd ed.; pp. 185-202). New York: Guilford.

Amelang, M. & Bartussek, D. (2001). *Differentielle Psychologie und Persönlichkeitsforschung* (5., akt. u. erw. Aufl.). Stuttgart: Kohlhammer.

Amthauer, R. (1955). *Intelligenz-Struktur-Test (I-S-T)* (2. Aufl.). Göttingen: Hogrefe.

Amthauer, R. (1973). *Intelligenz-Struktur-Test 70 (I-S-T 70)* (4. Aufl.). Göttingen: Hogrefe.

Arden, R. & Plomin, R. (2006). Sex differences in variance of intelligence across childhood. *Personality and Individual Differences, 41,* 39-48.

Artelt, C., Baumert, J., Klieme, E., Neubrand, M., Prenzel, M., Schiefele, U., Schneider, W., Schümer, G., Stanat, P., Tillmann, K.-J. & Weiß., M. (Hrsg.). (2001). *PISA 2000. Zusammenfassung zentraler Befunde.* Berlin: Max-Planck-Institut für Bildungsforschung.

Asendorf, J. (1994). Entwicklungsgenetik der Persönlichkeit. In K. Schneewind (Hrsg.), *Psychologie der Erziehung und der Sozialisation* (S. 107-134). Göttingen: Hogrefe.

Ashcraft, M. H. (2002). Math anxiety: Personal, educational, and cognitive consequences. *Current Directions in Psychological Science, 11,* 181-185.

Atkinson, J. W. (1974). Motivational determinants of intellective performance and cumulative achievement. In J. W. Atkinson & J. O. Rynor (Eds.), *Personality, motivation, and achievement* (pp. 389-410). Washington: Winston.

Aunola, K., Leskinen, E. & Nurmi, J.-E. (2006). Developmental dynamics between mathematical performance, task motivation, and teachers' goals during transition to primary school. *British Journal of Educational Psychology, 76,* 21-40.

Backhaus, K., Erichson, B., Plinke, W. & Weiber, R. (2006). *Multivariate Analysemethoden. Eine anwendungsorientierte Einführung* (11., überarb. Aufl.). Berlin: Springer.

Backhaus, K., Erichson, B., Plinke, W. & Weiber, R. (2008). *Multivariate Analysemethoden. Eine anwendungsorientierte Einführung* (12., vollst. überarb. Aufl.). Berlin: Springer.

Baitinger, K. (2008). Erst lessen, dann rechnen! Sachaufgaben in der zweiten Klasse. *Praxis Grundschule, 31,* 13-17.

Ball, J., Lohaus, A. & Miebach, C. (2006). Psychische Anpassung und schulische Leistungen beim Wechsel von der Grundschule zur weiterführenden Schule. *Zeitschrift für Entwicklungspsychologie und Pädagogische Psychologie, 38,* 101-109.

Bandura, A. (1982). Self-efficacy mechanism in human agency. *American Psychologist, 37,* 122-147.

Bandura, A. (1993). Perceived self-efficacy in cognitive development and functioning. *Educational Psychologist, 28,* 117-148.

Barnard, W. M. (2004). Parent involvement in elementary school and educational attainment. *Children and Youth Services Review, 26,* 39-62.

Bartels, M., Rietveld, M. J. H., Van Baal, G. C. M. & Boomsma, D. I. (2002). Genetic and environmental influences on the development of intelligence. *Behavior Genetics, 32,* 237-249.

Bartnitzky, H. (1994). *Zeugnisschreiben in der Grundschule* (erw. Neuausgabe). Heimsberg: Agentur Dieck.

Bartnitzky, H. (1999). Leistungsbeurteilung in der Grundschule. Note versus Verbalbericht – Zehn Thesen. In W. Böttcher, U. Brosch & H. Schneider-Petri (Hrsg.), *Leistungsbewertung in der Grundschule* (S. 135-138). Weinheim: Beltz.

Bartnitzky, H. (2004). Die pädagogische Leistungskultur – eine Positionsbestimmung. In H. Bartnitzky & A. Speck-Hamdan (Hrsg.), *Leistungen der Kinder wahrnehmen – würdigen – fördern* (S. 27-40). Frankfurt/Main: Grundschulverband – Arbeitskreis Grundschule e.V.

Baumann, N. & Kuhl, J. (2003). Der Selbstregulations- und Konzentrationstest für Kinder (SRKT-K) und Erwachsene und der Selbstregulations-Strategientest für Kinder (SRST-K). In J. Stiensmeier-Pelster & F. Rheinberg (Hrsg.), *Diagnostik von Motivation und Selbstkonzept* (S. 183-200). Göttingen: Hogrefe.

Baumert, J. & Artelt, C. (2003). Konzeption und technische Grundlagen der Studie. In Baumert, J., Artelt, C., Klieme, E., Neubrand, M., Prenzel, M., Schiefele, U., Schneider, W., Tillmann, K.-J. & Weiß, M. (Hrsg.), *PISA 2000 – Ein differenzierter Blick auf die Länder der Bundesrepublik Deutschland* (S. 3-50). Opladen: Leske + Budrich.

Baving, L. & Schmidt, M. H. (2000). Testpsychologie zwischen Anspruch und Wirklichkeit am Beispiel der Intelligenzdiagnostik. *Zeitschrift für Kinder- und Jugendpsychiatrie und Psychotherapie, 28,* 163-176.

Beher, K. & Börner, N. (2008). Pädagogische Angebote. *Ganztags Schule machen, 2,* 9-11.

Berninger, V. W. & O'Donnell, L. (2005). Research-supported differential diagnosis of specific learning disabilities. In A. Prifitera, D. H. Saklofske & L. G. Weiss (Eds.), *WISC-IV clinical use and interpretation: Scientist-practitioner perspectives* (pp. 189-233). Amsterdam: Elsevier.

Binet, A. & Simon, T. (1905). Méthodes nouvelles pour le diagnostic du niveau intellectuel des anormaux. *Année Psychologique, 11,* 191-244.

Bjorklund, D. F. (2005). *Children`s thinking: Cognitive development and individual differences.* Australia: Thomson.

Blatchford, P., Bassett, P., Goldstein, H. & Martin, C. (2003). Are class size differences related to pupils' educational progress and classroom processes? Findings from the Institute of Education Class Size Study of children aged 5-7 years. *British Educational Research Journal, 29,* 709-730.

Bloom, B. S. (1976). *Human characteristics and school learning.* New York: McCraw-Hill.

Bölte, S., Adam-Schwebe, S., Englert, E., Schmeck, K. & Poustka, F. (2000). Zur Praxis der psychologischen Testdiagnostik in der deutschen Kinder- und Jugendpsychiatrie: Ergebnisse einer Umfrage. *Zeitschrift für Kinder- und Jugendpsychiatrie und Psychotherapie, 28,* 151-161.

Bohl, T. (2004). Theoretische Strukturierung – Begründung neuer Beurteilungsformen. In H.-U. Grunder & T. Bohl (Hrsg.), *Neue Formen der Leistungsbeurteilung in den Sekundarstufen I und II* (2. Aufl.; S. 9-49). Baltmannsweiler: Schneider Verlag Hohengehren.

Bortz, J. (2005). *Statistik für Human- und Sozialwissenschaftler* (6., vollst. überarb. u. akt. Aufl.). Berlin: Springer.

Bortz, J. & Döring, N. (2002). *Forschungsmethoden und Evaluation für Human- und Sozialwissenschaftler* (3., überarb. Aufl.). Berlin: Springer.

Bortz, J. & Lienert, G. A. (2003). *Kurzgefasste Statistik für die klinische Forschung. Leitfaden für die verteilungsfreie Analyse kleiner Stichproben* (2., akt. u. bearb. Aufl.). Berlin: Springer.

Bos, W., Hornberg, S., Arnold, K.-H., Faust, G., Fried, L., Lankes, E.-M., Schwippert, K. & Valtin, R. (2007). IGLU 2006. Eine internationale Schulleistungsstudie der IEA. In W. Bos, S. Hornberg, K.-H. Arnold, G. Faust, L. Fried, E.-M. Lankes, K. Schwippert & R. Valtin (Hrsg.), *IGLU 2006. Lesekompetenzen von Grundschulkindern in Deutschland im internationalen Vergleich* (S. 11-19). Münster: Waxmann.

Bos, W., Lankes, E.-M., Prenzel, M., Schwippert, K., Valtin, R. & Walther, G. (Hrsg.). (2005). *IGLU. Vertiefende Analysen zu Leseverständnis, Rahmenbedingungen und Zusatzstudien.* Münster: Waxmann.

Bos, W., Lankes, E.-M., Prenzel, M., Schwippert, K., Walther, G. & Valtin, R. (2003). IGLU – ein kooperatives internationales Projekt. In W. Bos, E.-M. Lankes, M. Prenzel, K. Schwippert, G. Walther & R. Valtin (Hrsg.), *Erste Ergebnisse aus IGLU* (S. 1-6). Münster: Waxmann.

Brähler, E., Holling, H., Leutner, D. & Petermann, F. (Hrsg.). (2002). *Brickenkamp Handbuch psychologischer und pädagogischer Tests* (3. Aufl.). Göttingen: Hogrefe.

Brody, N. (2000). History of theories and measurements of intelligence. In R. J. Sternberg (Ed.), *Handbook of intelligence* (pp. 16-33). Cambridge: Cambridge University Press.

Bruder, S., Perels, F. & Schmitz, B. (2004). Selbstregulation und elterliche Hausaufgabenunterstützung. Die Evaluation eines Elterntrainings für Kinder der Sekundarstufe I. *Zeitschrift für Entwicklungspsychologie und Pädagogische Psychologie, 36,* 139-146.

Brügelmann, H. (2006). Sind Noten nützlich – und nötig? Ziffernzensuren und alternative Formen der Leistungsbeurteilung im empirischen Vergleich. In H. Bartnitzky, H. Brügelmann, U. Hecker & G. Schönknecht (Hrsg.), *Pädagogische Leistungskultur: Materialien für die Klasse 3 und 4* (Heft 2; S. 17-46). Frankfurt/Main: Grundschulverband – Arbeitskreis Grundschule e. V.

Bühl, A. (2006). *SPSS 14. Einführung in die moderne Datenanalyse* (10., überarb. u. erw. Aufl.). München: Pearson.

Bulheller, S. & Häcker, H. (2002). *Coloured Progressive Matrices (CPM)* (3., neu normierte Aufl.). Frankfurt: Swets Test Services.

Butler-Por, N. (1995). Gifted children: Who is at risk for underachievement and why? In M. W. Katzko & F. J. Mönks (Eds.), *Nurturing talent, individual needs and social ability* (pp. 252-261). Assen: Van Gorcum.

Calsyn, R. & Kenny, D. (1977). Self-concept of ability and perceived evaluation of others: Cause or effect of academic achievement. *Journal of Educational Psychology, 69,* 136-145.

Canobi, K. (2004). Individual differences in children`s addition and subtraction knowledge. *Cognitive Development, 19,* 81-93.

Carroll, J. B. (1963). A model of school learning. *Teachers College Record, 64,* 723-733.

Carroll, J. B. (1993). *Human cognitive abilities. A survey of factor-analytic studies.* Cambridge: Cambridge University Press.

Cates, G. L. & Rhymer, K. N. (2003). Examining the relationship between mathematics anxiety and mathematics performance: An instructional hierarchy perspective. *Journal of Behavioral Education, 12,* 23-34.

Cattell, R. B. (1971). *Abilities: Their structure, growth and action.* Boston: Houghton Mifflin.

Cattell, R. B., Weiß, R. H. & Osterland, J. (1997). *Grundintelligenztest Skala 1 (CFT 1)* (5., rev. Aufl.). Göttingen: Hogrefe.

Chirkov, V. I. & Ryan, R. M. (2001). Parent and teacher autonomy-support in Russian and U.S. adolescents: Common effects on well-being and academic motivation. *Journal of Cross-Cultural Psychology, 32*, 618-635.

Chirkov, V. I., Ryan, R. M. & Willness, C. (2005). Cultural context and psychological needs in Canada and Brazil: Testing a self-determination approach to the internalization on cultural practices, identity, and well-being. *Journal of Cross-Cultural Psychology, 36,* 423-443.

Cohen, J., Cohen, P., West, S. G. & Aiken, L. S. (2003). *Applied multiple regression/correlation analysis for the behavioral sciences* (3rd ed.). Mahwah: Lawrence Erlbaum Associates.

Cohen, L., Chaput, H. & Cashon, C. (2002). A constructivist model of infant cognition. *Cognitive Development, 17,* 1323-1343.

Colom, R. & Flores-Mendoza, C. E. (2007). Intelligence predicts scholastic achievement irrespective of SES factors: Evidence from Brazil. *Intelligence, 35,* 243-251.

Daseking, M., Janke, N. & Petermann, F. (2006). Intelligenzdiagnostik. *Monatsschrift Kinderheilkunde, 154,* 314-319.

Daseking, M., Lipsius, M., Petermann, F. & Waldmann, H.-C. (2008). Differenzen im Intelligenzprofil bei Kindern mit Migrationshintergrund: Befunde zum HAWIK-IV. *Kindheit und Entwicklung, 17,* 76-89.

Daseking, M., Oldenhage, M. & Petermann, F. (2008). Der Übergang vom Kindergarten in die Grundschule – eine Bestandsaufnahme. *Psychologie in Erziehung und Unterricht, 55,* 84-101.

Daseking, M., Petermann, U. & Petermann, F. (2007). Intelligenzdiagnostik mit dem HAWIK-IV. *Kindheit und Entwicklung, 16,* 250-259.

Davidson, J. E. & Downing, C. L. (2000). Contemporary models of intelligence. In R. J. Sternberg (Ed.), *Handbook of intelligence* (pp. 34-49). Cambridge: Cambridge University Press.

Davis-Kean, P. E. (2005). The influence of parent education and family income on child achievement: The indirect role of parental expectations and the home environment. *Journal of Family Psychology, 19,* 294-304.

Deary, I. J., Strand, S., Smith, P. & Fernandes, C. (2007). Intelligence and educational achievement. *Intelligence, 35,* 13-21.

Deci, E. L. & Ryan, R. M. (2000). The "What" and "Why" of goal pursuits: Human needs and the self-determination of behavior. *Psychological Inquiry, 11,* 227-268.

De Corte, E., Verschaffel, L. & Depaepe, F. (2008). Unraveling the relationship between students´ mathematics-related beliefs and the classroom culture. *European Psychologist, 13,* 24-36.

DeGarmo, D. S., Forgatch, M. S. & Martinez, C. R. (1999). Parenting of divorced mothers as a link between social status and boys' academic outcomes: Unpacking the effects of socioeconomic status. *Child Development, 70,* 1231-1245.

Deusinger, I. M. (1986). *Die Frankfurter Selbstkonzeptskalen (FSKN).* Göttingen: Hogrefe.

Dickhäuser, O. (2006). Fähigkeitsselbstkonzepte. Entstehung, Auswirkung, Förderung. *Zeitschrift für Pädagogische Psychologie, 20,* 5-8.

Dickhäuser, O. & Meyer, W.-U. (2006). Gender differences in young children`s math ability attributions. *Psychology Science, 48,* 3-16.

Dickhäuser, O. & Rheinberg, F. (2003). Bezugsnormorientierung: Erfassung, Probleme, Perspektiven. In J. Stiensmeier-Pelster & F. Rheinberg (Hrsg.), *Diagnostik von Motivation und Selbstkonzept* (S. 41-57). Göttingen: Hogrefe.

Dietz, F. (2006). *Warum Schüler manchmal nicht lernen. Der Einfluss attraktiver Alternativen auf Lernmotivation und Leistung.* Frankfurt/Main: Peter Lang.

Ditton, H. (2002). Unterrichtsqualität – Konzeptionen, methodische Überlegungen und Perspektiven. *Unterrichtswissenschaft, 30,* 197-212.

Dohse, W. (1967). *Das Schulzeugnis. Sein Wesen und seine Problematik* (2. Aufl.). Weinheim: Beltz.

Dresel, M. & Ziegler, A. (2006). Langfristige Förderung von Fähigkeitsselbstkonzept und impliziter Fähigkeitstheorie durch computerbasiertes attributionales Feedback. *Zeitschrift für Pädagogische Psychologie, 20,* 49-63.

Duden (2003). *Deutsches Universalwörterbuch A-Z* (5., überab. Aufl.). Mannheim: Dudenverlag.

Eckert, C., Schilling, D. & Stiensmeier-Pelster, J. (2006). Einfluss des Fähigkeitsselbstkonzepts auf die Intelligenz- und Konzentrationsleistung. *Zeitschrift für Pädagogische Psychologie, 20,* 41-48.

Eder, F. (2002). Unterrichtsklima und Unterrichtsqualität. *Unterrichtswissenschaft, 30,* 213-229.

Eggert, D. & Schuck, K.-D. (1999). *Gruppenintelligenztest für lernbehinderte Sonderschüler (CMM-LB)* (2. Aufl.). Göttingen: Hogrefe.

Ehmke, T. & Siegle, T. (2008). Einfluss elterlicher Mathematikkompetenz und familialer Prozesse auf den Kompetenzerwerb von Kindern in Mathematik. *Psychologie in Erziehung und Unterricht, 55,* 253-264.

Einsiedler, W. (1997). Unterrichtsqualität und Leistungsentwicklung: Literaturüberblick. In F. E. Weinert & A. Helmke (Hrsg.), *Entwicklung im Grundschulalter* (S. 225-240). Weinheim: Beltz.

Einsiedler, W. (2002). Das Konzept „Unterrichtsqualität". *Unterrichtswissenschaft, 30,* 194-196.

Esser, G. (2003). Leistungsdiagnostik auf verschiedenen Altersstufen. In G. Esser (Hrsg.), *Lehrbuch der Klinischen Psychologie und Psychotherapie des Kindes- und Jugendalters* (2. Aufl.; S. 40-51). Stuttgart: Thieme.

Ewert, O. & Thomas, J. (1996). Das Verhältnis von Theorie und Praxis in der Instruktionspsychologie. In F. E. Weinert (Hrsg.), *Psychologie des Lernens und der Instruktion* (Enzyklopädie der Psychologie, Themenbereich D, Serie I: Pädagogische Psychologie, Bd. 2; S. 89-118). Göttingen: Hogrefe.

Exeler, J. & Wild, E. (2003). Die Rolle des Elternhauses für die Förderung selbstbestimmten Lernens. *Unterrichtswissenschaft, 31,* 6-22.

Faber, G. (2003). Analyse geschlechtsabhängiger Ausprägungen im rechtschreibspezifischen Selbstkonzept von Grundschulkindern. *Zeitschrift für Entwicklungspsychologie und Pädagogische Psychologie, 35,* 208-211.

Fan, X. & Chen, M. (2001). Parental involvement and students' academic achievement: A meta-analysis. *Educational Psychology Review, 13,* 1-22.

Feingold, A. (1992). Sex differences in variability in intellectual abilities: A new look at an old controversy. *Review of Educational Research, 62,* 61-84.

Fend, H. (1980). *Theorie der Schule.* München: Urban & Schwarzenberg.

Fend, H. (2006). *Neue Theorie der Schule. Einführung in das Verstehen von Bildungssystemen.* Wiesbaden: VS Verlag für Sozialwissenschaften.

Filipp, S.-H. (2006). Entwicklung von Fähigkeitsselbstkonzepten. *Zeitschrift für Pädagogische Psychologie, 20,* 65-72.

Fischer, W. L. (1991). Mathematische Kritik der Ziffernnoten und ihrer Interpretation. In J. G. Prinz v. Hohenzollern & M. Liedtke (Hrsg.), *Schülerbeurteilungen und Schulzeugnisse* (S. 225-249). Bad Heilbrunn/Obb.: Klinkhardt.

Flanagan, D. P. & Mascolo, J. T. (2005). Psychoeducational assessment and learning disability diagnosis. In D. P. Flanagan & P. L. Harrison (Eds.), *Contemporary intellectual assessment. Theories, tests, and issues* (2nd ed.; pp. 521-544). New York: Guilford.

Flock, L., Repetti, R. L. & Ullman, J. B. (2005). Classroom social experience as predictors of academic performance. *Developmental Psychology, 41,* 319-327.

Flynn, J. R. (1984). The mean IQ of Americans: Massive gains 1932 to 1978. *Psychological Bulletin, 95,* 29-51.

Flynn, J. R. (1987). Massive IQ gains in 14 nations: What IQ tests really measure. *Psychological Bulletin, 101,* 171-191.

Flynn, J. R. (1999). Searching for justice. The discovery of IQ gains over time. *American Psychologist, 54,* 5-20.

Flynn, J. R. (2007). *What is intelligence? Beyond the Flynn effect.* Cambridge: Cambridge University Press.

Ford, l. & Dahinten, S. v. (2005). Use of intelligence tests in the assessment of preschoolers. In D. P. Flanagan & P. L. Harrison (Eds.), *Contemporary intellectual assessment. Theories, tests, and issues* (2nd ed.; pp. 487-503). New York: Guilford.

Fraser, B. J., Walberg, H. J., Welch, W. W. & Hattie, J. A. (1987). Syntheses of educational productivity research. *International Journal of Educational Research, 11,* 145-252.

Friedman, L. (1995). The space factor in mathematics: Gender differences. *Review of Educational Research, 65,* 22-50.

Fries, S. (2006). Zu Defiziten und möglichen Weiterentwicklungen aktueller Theorien der Lernmotivation. *Zeitschrift für Pädagogische Psychologie, 20,* 73-83.

Furck, C.-L. (1975). *Das pädagogische Problem der Leistung in der Schule* (5., erg. Aufl.). Weinheim: Beltz.

Gagné, M. & Deci, E. L. (2005). Self-determination theory and work motivation. *Journal of Organizational Behavior, 26,* 331-362.

Gardner, H. (1993). *Frames of mind: The theory of multiple intelligences.* New York: Basic Books.

Gardner, H. (1999). *Intelligence reframed: Multiple intelligences for the 21st century.* New York: Basic Books.

Gentner, D. & Stevens, A. L. (Eds.). (1983). *Mental models.* Hillsdale: Lawrence Erlbaum Associates.

Gilman, R. & Anderman, E. M. (2006). Motivation and its relevance to school psychology: An introduction to the special issue. *Journal of School Psychology, 44,* 325-329.

Ginsburger, H. P. & Opper, S. (1998). *Piagets Theorie der geistigen Entwicklung* (8., völlig überarb. u. erg. Aufl.). Stuttgart: Klett-Cotta.

Gittler, G. (1990). *Dreidimensionaler Würfeltest. Ein rasch-skalierter Test zur Messung des räumlichen Vorstellungsvermögens (3DW).* Weinheim: Beltz Test.

Glaser, R. (1980). General discussion: Relationships between aptitude, learning, and instruction. In R. E. Snow, P.-A. Federico & W. E. Montague (Eds.), *Aptitude, learning, and instruction. Vol. 2: Cognitive process analyses of learning and problem solving* (pp. 309-326). Hillsdale: Lawrence Erlbaum Associates.

Götz, M. (2005). Verbalzeugnisse in der Grundschule – Anspruch und Realisierung. In M. Götz & A. Nießeler (Hrsg.), *Leistung fördern – Förderung leisten* (S. 78-92). Donauwörth: Auer.

Grassmann, M. (2008). Wie gerade ist die 1? Sprache im Mathematikunterricht der Grundschule. *Grundschule, 40,* 20-23.

Greeno, J. G. (1989). Situations, mental models, and generative knowledge. In D. Klahr & K. Kotovsky (Eds.), *Complex information processing. The impact of H. A. Simon* (pp. 285-318). Hillsdale: Lawrence Erlbaum Associates.

Gustafsson, J.-E. & Undheim, J. (1996). Individual differences in cognitive functions. In D. Berliner & R. Calfee (Eds.), *Handbook of Educational Psychology* (pp. 186-242). New York: Simon & Schuster Macmillan.

Haciwara, T. & Sakurai, S. (2008). Self-determination level of the motivation for "searching for something to commit to": Effect on career decision. *Japanese Journal of Educational Psychology, 56,* 1-13.

Hamre, B. K. & Pianta, R. C. (2005). Can instructional and emotional support in the first-grade classroom make a difference for children at risk of school failure? *Child Development, 76,* 949-967.

Hanke, P. & Schwippert, K. (2005). Orthographische Lernprozesse im Grundschulbereich. Ergebnisse aus Mehrebenenanalysen. *Unterrichtswissenschaft, 33,* 70-91.

Hannover, B. (1997). *Das dynamische Selbst. Die Kontextabhängigkeit selbstbezogenen Wissens.* Bern: Huber.

Hanses, P. & Rost, D. H. (1998). Das <Drama> der hochbegabten Underachiever – <Gewöhnliche> oder <außergewöhnliche> Underachiever? *Zeitschrift für Pädagogische Psychologie, 12,* 53-71.

Hansford, B. C. & Hattie, J. A. (1982). The relationship between self and achievement/performance measures. *Review of Educational Research, 52,* 123-142.

Harnishfeger, A. & Wiley, D. E. (1975). The teaching-learning process in elementary schools: A synoptic view. *Curriculum Inquiry, 6,* 5-43.

Hart, S. A., Petrill, S. A., Deckard, K. D. & Thompson, L. A. (2007). SES and CHAOS as environmental mediators of cognitive ability: A longitudinal genetic analysis. *Intelligence, 35,* 233-242.

Hasselhorn, M., Goldammer, A. v. & Weber, A. (2008). Belohnungsaufschub als volitionale Kompetenz: Ein relevanter Bereich für die Schuleingangsdiagnostik? *Psychologie in Erziehung und Unterricht, 55,* 123-131.

Heckhausen, H. (1974). *Leistung und Chancengleichheit.* Göttingen: Hogrefe.

Heinze, A., Herwartz-Emden, L. & Reiss, K. (2007). Mathematikkenntnisse und sprachliche Kompetenz bei Kindern mit Migrationshintergrund zu Beginn der Grundschulzeit. *Zeitschrift für Pädagogik, 53,* 562-581.

Heller, K. A. (1974). Zur Problematik der Leistungsbeurteilung in der Schule. *Psychologie in Erziehung und Unterricht, 21,* 105-124.

Heller, K. A. (1997). Individuelle Bedingungsfaktoren der Schulleistung: Literaturüberblick. In F. E. Weinert & A. Helmke (Hrsg.), *Entwicklung im Grundschulalter* (S. 183-201). Weinheim: Beltz.

Heller, K. A. & Geisler, H. J. (1983a). *Kognitiver Fähigkeitstest für 1. bis 3. Klassen (KFT 1-3).* Weinheim: Beltz Test.

Heller, K. A. & Geisler, H. J. (1983b). *Kognitiver Fähigkeitstest – Kindergartenform (KFT-K).* Weinheim: Beltz Test.

Heller, K. A. & Hany, E. A. (2002). Standardisierte Schulleistungsmessungen. In F. E. Weinert (Hrsg.), *Leistungsmessungen in Schulen* (2., unveränd. Aufl.; 87-101). Weinheim: Beltz.

Heller, K. A., Kratzmeier, H. & Lengfelder, A. (1998a). *Matrizen Test Manual, Bd. 1. Ein Handbuch mit deutschen Normen zu den Advanced Progressive Matrices.* Göttingen: Beltz Test.

Heller, K. A., Kratzmeier, H. & Lengfelder, A. (1998b). *Matrizen Test Manual, Bd. 2. Ein Handbuch mit deutschen Normen zu den Standard Progressive Matrices.* Göttingen: Beltz Test.

Heller, K. A. & Perleth, C. (2000). *Kognitiver Fähigkeitstest für 4. bis 12. Klassen, Revision (KFT 4-12+R).* Göttingen: Beltz Test.

Heller, K. A. & Perleth, C. (2007a). *Münchner Hochbegabungstestbatterie für die Primarstufe (MHBT-P).* Göttingen: Hogrefe.

Heller, K. A. & Perleth, C. (2007b). *Münchner Hochbegabungstestbatterie für die Sekundarstufe (MHBT-S).* Göttingen: Hogrefe.

Helmke, A. (1991). Entwicklung des Fähigkeitsselbstbildes vom Kindergarten bis zur dritten Klasse. In R. Pekrun & H. Fend (Hrsg.), *Schule und Persönlichkeitsentwicklung. Ein Resümee der Längsschnittforschung* (S. 83-99). Stuttgart: Enke.

Helmke, A. (1992). *Selbstvertrauen und schulische Leistungen.* Göttingen: Hogrefe.

Helmke, A. (1997). Individuelle Bedingungsfaktoren der Schulleistung: Ergebnisse aus dem SCHOLASTIK-Projekt. In F. E. Weinert & A. Helmke (Hrsg.), *Entwicklung im Grundschulalter* (S. 202-216). Weinheim: Beltz.

Helmke, A. (1998). Vom Optimisten zum Realisten? Zur Entwicklung des Fähigkeitsselbstkonzeptes vom Kindergarten bis zur 6. Klassenstufe. In F. E. Weinert (Hrsg.), *Entwicklung im Kindesalter* (115-132). Weinheim: Beltz.

Helmke, A. (2002). Kommentar: Unterrichtsqualität und Unterrichtsklima: Perspektiven und Sackgassen. *Unterrichtswissenschaft, 30,* 261-277.

Helmke, A. (2007). *Unterrichtsqualität – erfassen, bewerten, verbessern* (5. Aufl.). Seelze: Kallmeyer/Klett.

Helmke, A. & Aken, M. A. G. van (1995). The causal ordering of academic achievement and self-concept of ability during elementary school: A longitudinal study. *Journal of Educational Psychology, 87,* 624-637.

Helmke, A. & Mückusch, C. (1994). Handlungs- und Lageorientierung bei Grundschülern. *Zeitschrift für Pädagogische Psychologie, 8,* 63-72.

Helmke, A., & Renkl, A. (1993). Unaufmerksamkeit in Grundschulklassen: Problem der Klasse oder des Lehrers? *Zeitschrift für Entwicklungspsychologie und Pädagogische Psychologie, 25,* 185-205.

Helmke, A. & Schrader, F.-W. (2006). Determinanten der Schulleistung. In D. H. Rost (Hrsg.), *Handwörterbuch Pädagogische Psychologie* (3., überarb. u. erw. Aufl.; S. 83-94). Weinheim: Beltz.

Helmke, A., Schrader, F.-W. & Hosenfeld, I. (2004). Elterliche Lernunterstützung und Schulleistungen ihrer Kinder. *Bildung und Erziehung, 57,* 251-277.

Helmke, A., Schrader, F.-W. & Lehneis-Klepper, G. (1991). Zur Rolle des Elternverhaltens für die Schulleistungsentwicklung ihrer Kinder. *Zeitschrift für Entwicklungspsychologie und Pädagogische Psychologie, 23,* 1-22.

Helmke, A. & Weinert, F. E. (1997a). Bedingungsfaktoren schulischer Leistungen. In F. E. Weinert (Hrsg.), *Psychologie des Unterrichts und der Schule* (Enzyklopädie der Psychologie: Themenbereich D, Praxisgebiete: Ser. 1, Pädagogische Psychologie: Bd. 3; S. 71-176). Göttingen: Hogrefe.

Helmke, A. & Weinert, F. E. (1997b). Die Münchner Grundschulstudie SCHOLASTIK: Wissenschaftliche Grundlagen, Zielsetzungen, Realisierungsbedingungen und Ergebnisperspektiven. In F. E. Weinert & A. Helmke (Hrsg.), *Entwicklung im Grundschulalter* (S. 2-12). Weinheim: Beltz.

Helmke, A. & Weinert, F. E. (1997c). Unterrichtsqualität und Leistungsentwicklung: Ergebnisse aus dem SCHOLASTIK-Projekt. In F. E. Weinert & A. Helmke (Hrsg.), *Entwicklung im Grundschulalter* (S. 241-251). Weinheim: Beltz.

Heubrock, D. & Petermann, F. (2005a). Diagnostik in der Klinischen Kinderpsychologie. In F. Petermann & H. Reinecker (Hrsg.), *Handbuch der Klinischen Psychologie und Psychotherapie* (S. 178-190). Göttingen: Hogrefe.

Heubrock, D. & Petermann, F. (2005b). Umschriebene Entwicklungsstörungen. In F. Petermann & H. Reinecker (Hrsg.), *Handbuch der Klinischen Psychologie und Psychotherapie* (S. 604-613). Göttingen: Hogrefe.

Hoekstra, R. A., Bartels, M. & Boomsma, D. I. (2007). Longitudinal genetic study of verbal and nonverbal IQ from early childhood to young adulthood. *Learning and Individual Differences, 17,* 97-114.

Hofer, M. (2004). Schüler wollen für die Schule lernen, aber auch anderes tun. Theorien der Lernmotivation in der Pädagogischen Psychologie. *Zeitschrift für Pädagogische Psychologie, 18,* 79-92.

Holling, H., Preckel, F. & Vock, M. (2004). *Intelligenzdiagnostik.* Göttingen: Hogrefe.

Holm, S. (1979). A simple sequentially rejection multiple test procedure. *Scandinavian Journal of Statistics, 6,* 65-70.

Holocher-Ertl, S., Kubinger, K. D. & Hohensinn, C. (2008). Hochbegabungsdiagnostik: HAWIK-IV oder AID-2. *Kindheit und Entwicklung, 17,* 99-196.

Hoover-Dempsey, K., Battiato, A. C., Walker, J. M. T., Reed, R. P., DeJong, J. M. & Jones, K. P. (2001). Parental involvement in homework. *Educational Psychologist, 36,* 195-209.

Hopkins, K. D. & Weeks, D. L. (1990). Tests for normality and measures of skewness and kurtosis: Their place in research and reporting. *Educational and Psychological Measurement, 50,* 717-729.

Horn, W. (1969). *Prüfsystem für Schul- und Bildungsberatung (PSB).* Göttingen: Hogrefe.

Hornberg, S., Bos, W., Buddeberg, I., Pott-hoff, B. & Stubbe, T. C. (2007). Anlage und Durchführung von IGLU 2006. In W. Bos, S. Hornberg, K.-H. Arnold, G. Faust, L. Fried, E.-M. Lankes, K. Schwippert & R. Valtin (Hrsg.), *IGLU 2006. Lesekompetenzen von Grundschulkindern in Deutschland im internationalen Vergleich* (S. 21-45). Münster: Waxmann.

Holtappels, H. G. (2008). Pädagogische Gestaltungselemente in Ganztagsschulen brauchen ein Bildungskonzept. *Ganztags Schule machen, 2,* 4-8.

Hughes, J. N., Luo, W., Kwok, O.-M. & Loyd, L. K. (2008). Teacher-student support, effortful engagement, and achievement: A 3-year longitudinal study. *Journal of Educational Psychology, 100,* 1-14.

Hülsheger, U. R., Maier, G. W., Stumpp, T. & Muck, P. M. (2006). Vergleich kriteriumsbezogener Validitäten verschiedener Intelligenztests zur Vorhersage von Ausbildungserfolg in Deutschland. *Zeitschrift für Personalpsychologie, 5,* 145-162.

Hyde, J. S., Fennema, E. & Lamon, S. J. (1990). Gender differences in mathematics performance: A meta-analysis. *Psychological Bulletin, 107,* 139-155.

ISA (Hrsg.). (2007). *QUIGS Qualitätsentwicklung in Ganztagsschulen. Grundlagen, praktische Tipps und Instrumente.* Münster: Institut für soziale Arbeit e.V.

Jäger, A. O. (1967). *Dimensionen der Intelligenz.* Göttingen: Hogrefe.

Jäger, A. O. (1982). Mehrmodale Klassifikation von Intelligenzleistungen. Experimentell kontrollierte Weiterentwicklung eines deskriptiven Intelligenzstrukturmodells. *Diagnostica, 28,* 195-226.

Jäger, A. O., Holling, H., Preckel, F., Schulze, R., Vock, M., Süß, H.-M. & Beauducel, A. (2006). *Berliner Intelligenzstrukturtest für Jugendliche: Begabungs- und Hochbegabungsdiagnostik (BIS-HB).* Göttingen: Hogrefe.

Jäger, A. O., Süß, H.-M. & Beauducel, A. (1997). *Berliner Intelligenzstruktur-Test (BIS-Test).* Göttingen: Hogrefe.

Jerusalem, M. (1984). *Selbstbezogene Kognitionen in schulischen Bezugsgruppen. Eine Längsschnittstudie.* Berlin: Institut für Psychologie, FU Berlin.

Jötten, B. & Fleischer, T. (2007). Aufgaben, Arbeitsfelder und Methoden der Schulpsychologie. In T. Fleischer, N. Grewe, B. Jötten, K. Seifried & B. Sieland (Hrsg.), *Handbuch Schulpsychologie. Psychologie für die Schule* (S. 33-38). Stuttgart: Kohlhammer.

Kaiser, G. (1999). Zum Problem der Leistungsmessung. Eine Auseinandersetzung mit ihren mathematischen, philosophischen und pädagogischen Grundlagen. In B. Grünig, G. Kaiser, R. Kreitz, H. Rauschenberger & K. Rinninsland (Hrsg.), *Leistung und Kontrolle. Die Entwicklung von Zensurengebung und Leistungsmessung in der Schule* (S. 101-116). Weinheim: Juventa.

Kammermeyer, G. & Martschinke, S. (2003). Schulleistung und Fähigkeitsselbstbild im Anfangsunterricht – Ergebnisse aus dem KILIA-Projekt. *Empirische Pädagogik, 17,* 486-503.

Kamphaus, R. W. (2005). *Clinical assessment of child and adolescent intelligence* (2nd ed.). New York: Springer.

Karpov, Y. (2003). Internalization of children`s problem solving and individual differences in learning. *Cognitive Development, 18,* 377-398.

Kaufman, A. S. (1994). Practice effects. In R. J. Sternberg (Ed.), *Encyclopedia of human intelligence* (Vol. 2; pp. 828-833). New York: Macmillian.

Keith, T. Z., Fine, J. G., Taub, G. E., Reynolds, M. R. & Kranzler, J. H. (2006). Hierarchical multi-sample, confirmatory factor analysis of the Wechsler Intelligence Scale for Children – Fourth Edition: What does it measure? *School Psychology Review, 35,* 108-127.

Kirk, S. (2004). *Beurteilung mündlicher Leistungen. Pädagogische, psychologische, didaktische und schulrechtliche Aspekte der mündlichen Leistungsbeurteilung.* Bad Heilbrunn/Obb.: Klinkhardt.

Klafki, W. (1996). *Neue Studien zur Bildungstheorie und Didaktik: Zeitgemässe Allgemeinbildung und kritisch-konstruktive Didaktik* (5., unveränd. Aufl.). Weinheim: Beltz.

Klafki, W. (2002). *Schultheorie, Schulforschung und Schulentwicklung im politisch-gesellschaftlichen Kontext.* Weinheim: Beltz.

Klauer, K. J. (2002). Wie misst man Schulleistungen? In F. E. Weinert (Hrsg.), *Leistungsmessungen in Schulen* (2., unveränd. Aufl.; S. 103-115). Weinheim: Beltz.

Klauer, K. J. (2006a). Anlage und Umwelt. In D. H. Rost (Hrsg.), *Handwörterbuch Pädagogische Psychologie* (3., überarb. u. erw. Aufl.; S. 8-14). Weinheim: Beltz.

Klauer, K. J. (2006b). Intelligenz und Begabung. In D. H. Rost (Hrsg.), *Handwörterbuch Pädagogische Psychologie* (3., überarb. u. erw. Aufl.; S. 275-280). Weinheim: Beltz.

Köller, O. & Baumert, J. (2002). Entwicklung schulischer Leistungen. In R. Oerter & L. Montada (Hrsg.), *Entwicklungspsychologie* (5., vollst. überarb. Aufl.; S. 756-786). Weinheim: Beltz.

Köller, O., Trautwein, U., Lüdtke, O. & Baumert, J. (2006). Zum Zusammenspiel von schulischer Leistung, Selbstkonzept und Interesse in der gymnasialen Oberstufe. *Zeitschrift für Pädagogische Psychologie, 20,* 27-39.

Korat, O., Klein, P. & Segal-Drori, O. (2007). Maternal mediation in book reading, home literacy environment, and children's emergent literacy: A comparison between two social groups. *Reading and Writing, 20,* 361-398.

Krampen, G. (2008). Kognitive Entwicklung bei 3- bis 8-Jährigen. Konzentrationsleistung und Übergang vom vor-operatorischen zum konkret-operatorischen Denken. *Zeitschrift für Entwicklungspsychologie und Pädagogische Psychologie, 40,* 79-86.

Krapp, A. (1976). Bedingungsfaktoren der Schulleistung. *Psychologie in Erziehung und Unterricht, 23,* 91-109.

Krapp, A. (2004). Beschreibung und Erklärung antagonistisch wirkender Steuerungssysteme in pädagogisch-psychologischen Motivationstheorien. *Zeitschrift für Pädagogische Psychologie, 18,* 145-156.

Krapp, A., Prenzel, M. & Weidenmann, B. (2006). Geschichte, Gegenstandsbereich und Aufgaben der Pädagogischen Psychologie. In A. Krapp & B. Weidenmann (Hrsg.), *Pädagogische Psychologie* (5., vollst. überarb. Aufl.; S. 1-31). Weinheim: Beltz.

Kraul, M. (1995). Wie die Zensuren in die Schule kamen. *Pädagogik, 47,* 31-34.

Kühn, R. (1983). *Bedingungen für Schulerfolg. Zusammenhänge zwischen Schülermerkmalen, häuslicher Umwelt und Schulnoten.* Göttingen: Hogrefe.

Kubinger, K. D. & Wurst, E. (2001). *Adaptives Intelligenz Diagnostikum 2 (AID 2).* Göttingen: Hogrefe.

Kulik, C. L. C., Kulik, J. A. & Bangert-Drowns, R. L. (1990). Effectiveness of mastery learning programs: A meta-analysis. *Review of Educational Research, 60,* 265-299.

Kultusministerkonferenz (2005). *Bildungsstandards im Fach Mathematik für den Primarbereich. Beschluss vom 15.10.2004.* Neuwied: Luchterhand.

Kuncel, N. R., Hezlett, S. A. & Ones, D. S. (2004). Academic performance, career potential, creativity, and job performance: Can one construct predict them all? *Journal of Personality and Social Psychology, 86,* 148-161.

Labuhn, A. S., Bögeholz, S. & Hasselhorn, M. (2008a). Lernförderung durch Anregung der Selbstregulation im naturwissenschaftlichen Unterricht. *Zeitschrift für Pädagogische Psychologie, 22,* 13-24.

Labuhn, A. S., Bögeholz, S. & Hasselhorn, M. (2008b). Selbstregulationsförderung in einer Biologie-Unterrichtseinheit. Langfristige und differenzielle Wirksamkeit. *Zeitschrift für Entwicklungspsychologie und Pädagogische Psychologie, 40,* 167-178.

Lachance, J. A. & Mazzocco, M. M. M. (2006). A longitudinal analysis of sex differences in math and spatial skills in primary school age children. *Learning and Individual Differences, 16,* 195-216.

Lamberti, J. (2001). *Einstieg in die Methoden empirischer Forschung.* Tübingen: dgvt.

Landesamt für Datenverarbeitung und Statistik Nordrhein-Westfalen (Hrsg.). (2007). *Allgemeinbildende Schulen in Nordrhein-Westfalen 2005.* Düsseldorf: Landesamt für Datenverarbeitung und Statistik NRW.

Landesinstitut für Schule und Weiterbildung (Hrsg.). (1997). *Leistungsbewertung ohne Noten in der Grundschule.* Bönen: Verlag für Schule und Weiterbildung.

Lankes, E.-M., Bos, W., Mohr, I., Plaßmeier, N., Schwippert, K., Sibberns, H. & Voss, A. (2003). Anlage und Durchführung der Internationalen Grundschul-Lese-Untersuchung (IGLU) und ihrer Erweiterung um Mathematik und Naturwissenschaften (IGLU-E). In W. Bos, E.-M. Lankes, M. Prenzel, K. Schwippert, G. Walther & R. Valtin (Hrsg.), *Erste Ergebnisse aus IGLU* (S. 7-28). Münster: Waxmann.

Lauth, G. W. (2005). Lernstörungen. In F. Petermann & H. Reinecker (Hrsg.), *Handbuch der Klinischen Psychologie und Psychotherapie* (S. 593-603). Göttingen: Hogrefe.

Lauth, G. W., Grünke, M. & Brunstein, J. (Hrsg.). (2004). *Interventionen bei Lernstörungen.* Göttingen: Hogrefe.

Lehmann, R. H. (2002). Messung von Schulleistungen im Primar- und Sekundarbereich. In F. E. Weinert (Hrsg.), *Leistungsmessungen in Schulen* (2., unveränd. Aufl.; S. 131-141). Weinheim: Beltz.

Liedtke, M. (1991). Ist das Zeugnis das Armutszeugnis der Schule? In J. G. Prinz v. Hohenzollern & M. Liedtke (Hrsg.), *Schülerbeurteilungen und Schulzeugnisse* (S. 25-36). Bad Heilbrunn/Obb.: Klinkhardt.

Liepmann, D., Beauducel, A., Brocke, B. & Amthauer, R. (2007). *Intelligenz-Struktur-Test 2000* R *(I-S-T 2000* R*)* (2., erw. u. überarb. Aufl.). Göttingen: Hogrefe.

Maier, M. (2001). *Das Verbalzeugnis in der Grundschule – Anspruch und Wirklichkeit.* Landau: Verlag Empirische Pädagogik.

Marsh, H. W. (1986). Verbal and math self-concepts: An internal/external frame of reference model. *American Educational Research Journal, 23,* 129-149.

Marsh, H. W. (1988). *Self-Description Questionnaire I: Manual and research monograph.* San Antonio: Psychological Corporation.

Marsh, H. W. (1990). *Self-Description Questionnaire II: Manual.* University of Western Sydney: Australia.

Marsh, H. W. (1992a). Content specificity of relations between academic achievement and academic self-concept. *Journal of Educational Psychology, 84,* 35-42.

Marsh, H. W. (1992b). *Manual for the Self-Description Questionnaire III.* University of Western Sydney: Australia.

Marsh, H. W. & Hau, K.-T. (2003). Big-fish-little-pond-effect on academic self-concept. A cross-cultural (26-country) test of the negative effects of academically selected schools. *American Psychologist, 58,* 364-376.

Marsh, H. W., Kong, C.-K. & Hau, K.-T. (2000). Longitudinal multilevel models of the Big-fish-little-pond effect on academic self-concept: Counterbalancing contrast and reflected-glory effects in Hong Kong schools. *Journal of Personality and Social Psychology, 78,* 337-349.

Marsh, H. W. & Shavelson, R. J. (1985). Self-concept: Its multifaceted, hierarchical structure. *Educational Psychologist, 20,* 107-123.

Marsh, H. W. & Yeung, A. S. (1997). Causal effects of academic self-concept on academic achievement: Structural equation models of longitudinal data. *Journal of Educational Psychology, 89,* 41-54.

Mau, W.-C. (1997). Parental influences on the high school students' academic achievement: A comparison of Asian immigrants, Asian Americans, and White Americans. *Psychology in the Schools, 34,* 267-277.

McIntosh, D. E. & Dixon, F. A. (2005). Use of intelligence tests in the identification of giftedness. In D. P. Flanagan & P. L. Harrison (Eds.), *Contemporary intellectual assessment. Theories, tests, and issues* (2nd ed.; pp. 504-520). New York: Guilford.

Mercy, J. A. & Steelman, L. C. (1982). Familial influence on the intellectual attainment of children. *American Sociological Review, 47,* 532-542.

Metz, U., Marx, P., Weber, J. & Schneider, W. (2003). Overachievement im Lesen und Rechtschreiben: Folgerungen für die Diskrepanzdefinition der Legasthenie. *Zeitschrift für Entwicklungspsychologie und Pädagogische Psychologie, 35,* 127-134.

Ministerium für Kultus, Jugend und Sport Baden-Württemberg (Hrsg.). (2006). *Leitfaden für die gymnasiale Oberstufe. Wissenswertes für Schülerinnen und Schüler. Abitur 2009.* Stuttgart: Ministerium für Kultus, Jugend und Sport Baden-Württemberg.

Ministerium für Schule, Jugend und Kinder des Landes Nordrhein-Westfalen (2003). *Richtlinien und Lehrpläne zur Erprobung für die Grundschule in Nordrhein-Westfalen.* Düsseldorf: Ministerium für Schule, Jugend und Kinder des Landes Nordrhein-Westfalen.

Ministerium für Schule und Weiterbildung des Landes Nordrhein-Westfalen (Hrsg.). (2006). *Die gymnasiale Oberstufe an Gymnasien und Gesamtschulen in Nordrhein-Westfalen.* Düsseldorf: Ministerium für Schule und Weiterbildung des Landes Nordrhein-Westfalen.

Montada, L. (2002). Die geistige Entwicklung aus der Sicht Jean Piagets. In R. Oerter & L. Montada (Hrsg.), *Entwicklungspsychologie* (5., vollst. überarb. Aufl.; S. 418-442). Weinheim: Beltz.

Murphy, P. K. & Alexander, P. A. (2000). A motivated exploration of motivation terminology. *Contemporary Educational Psychology, 25,* 3-53.

Müller, K. (2005a). Unterrichtsqualität als ein Bedingungsfaktor von Schüler- und Schülerinnenleistung. In M. Götz & A. Nießeler (Hrsg.), *Leistung fördern – Förderung leisten* (S. 21-37). Donauwörth: Auer.

Müller, K. (2005b). Zeugnisbestimmungen in den Bundesländern. In M. Götz & A. Nießeler (Hrsg.), *Leistung fördern – Förderung leisten* (S. 93-101). Donauwörth: Auer.

Nickel, H. (1990). Das Problem der Einschulung aus ökologisch-systemischer Perspektive. *Psychologie in Erziehung und Unterricht, 37,* 217-227.

Niemiec, C. P., Lynch, M. F., Vansteenkiste, M., Bernstein, J., Deci, E. L. & Ryan, R. M. (2006). The antecedents and consequences of autonomous self-regulation for college: A self-determination theory perspective on socialization. *Journal of Adolescence, 29,* 761-775.

Nießeler, A. (2005). Leistung – Bildung – Muße. In M. Götz & A. Nießeler (Hrsg.), *Leistung fördern – Förderung leisten* (S. 8-20). Donauwörth: Auer.

OECD (2004). *Lernen für die Welt von morgen. Erste Ergebnisse von PISA 2003.* Paris: OECD Publications.

OECD (2007). *PISA 2006. Schulleistungen im internationalen Vergleich. Naturwissenschaftliche Kompetenzen für die Welt von morgen.* Paris: OECD Publications.

Offe, C. (1970). *Leistungsprinzip und industrielle Arbeit. Über einige Mechanismen der Statusverteilung in Arbeitsorganisationen der industriellen Leistungsgesellschaft.* Frankfurt/Main: Universität.

Ones, D. S., Viswesvaran, C. & Dilchert, S. (2004). Cognitive ability in selection decisions. In O. Wilhelm & R. Engle (Eds.), *Understanding and measuring intelligence* (pp. 431-468). London: Sage.

Oswald, W. D. & Roth, E. (1987). *Zahlen-Verbindungs-Test (ZVT)* (2., überarb. u. erw. Aufl.). Göttingen: Hogrefe.

Otto, B., Perels, F. & Schmitz, B. (2008). Förderung mathematischen Problemlösens anhand eines Selbstregulationstrainings. Evaluation von Projekttagen in der 3. und 4. Grundschulklasse. *Zeitschrift für Pädagogische Psychologie, 22,* 221-232.

Pekrun, R. (1991a). Prüfungsangst und Schulleistung: Eine Längsschnittanalyse. *Zeitschrift für Pädagogische Psychologie, 5,* 99-109.

Pekrun, R. (1991b). Schulleistung, Entwicklungsumwelten und Prüfungsangst. In R. Pekrun & H. Fend (Hrsg.), *Schule und Persönlichkeitsentwicklung. Ein Resümee der Längsschnittforschung* (S. 164-180). Stuttgart: Enke.

Perry, K. E., Donohue, K. M. & Weinstein, R. S. (2007). Teaching practices and the promotion of achievement and adjustment in first grade. *Journal of School Psychology, 45,* 269-292.

Petermann, F. (2006). Intelligenzdiagnostik. *Kindheit und Entwicklung, 15,* 71-75.

Petermann, F. & Macha, T. (2005). Entwicklungsdiagnostik. *Kindheit und Entwicklung, 14,* 131-139.

Petermann, F. & Petermann, U. (Hrsg.). (2007). *Hamburg-Wechsler-Intelligenztest für Kinder – IV. Übersetzung und Adaptation der WISC-IV von David Wechsler.* Bern: Huber.

Petermann, F. & Petermann, U. (2008). HAWIK-IV. *Kindheit und Entwicklung, 17,* 71-75.

Petermann, U. & Petermann, F. (2006). Erziehungskompetenz. *Kindheit und Entwicklung, 15,* 1-8.

Petrides, K. V., Chamorro-Premuzic, T., Frederickson, N. & Furnham, A. (2005). Explaining individual differences in scholastic behavior and achievement. *British Journal of Educational Psychology, 75,* 239-255.

Plomin, R. & Petrill, S. A. (1997). Genetics and intelligence: What's new? *Intelligence, 24,* 53-77.

Pons (1993). *Praxiswörterbuch Lateinisch-Deutsch. Deutsch-Lateinisch.* Stuttgart: Klett.

Quitmann, H. (2007). Besondere Begabungen. In T. Fleischer, N. Grewe, B. Jötten, K. Seifried & B. Sieland (Hrsg.), *Handbuch Schulpsychologie. Psychologie für die Schule* (S. 124-133). Stuttgart: Kohlhammer.

Rakoczy, K. (2006). Motivationsunterstützung im Mathematikunterricht. *Zeitschrift für Pädagogik, 52,* 822-843.

Reeve, J., Ryan, R., Deci, E. L. & Jang, H. (2008). Understanding and promoting autonomous self-regulation: A self-determination theory perspective. In B. J. Zimmerman & D. H. Schunk (Eds.), *Motivation and self-regulated learning. Theory, research, and applications* (pp. 223-244). New York: Lawrence Erlbaum Associates.

Reiss, K. (2004). Bildungsstandards und die Rolle der Fachdidaktik am Beispiel der Mathematik. *Zeitschrift für Pädagogik, 50,* 635-649.

Reiss, K. & Winkelmann, H. (2008). Step by Step. Ein Kompetenzstufenmodell für das Fach Mathematik. *Grundschule, 40,* 34-37.

Remschmidt, H. & Niebergall, G. (2000). Intelligenzminderungen und Demenzzustände. In H. Remschmidt (Hrsg.), *Kinder- und Jugendpsychiatrie. Eine praktische Einführung* (3., neu bearb. u. erw. Aufl.; S. 101-110). Stuttgart: Thieme.

Renkl, A., Helmke, A. & Schrader, F.-W. (1997). Schulleistung und Fähigkeitsselbstbild – Universelle Beziehungen oder kontextspezifische Zusammenhänge? Ergebnisse aus dem SCHOLASTIK-Projekt. In F. E. Weinert & A. Helmke (Hrsg.), *Entwicklung im Grundschulalter* (S. 373-383). Weinheim: Beltz.

Retelsdorf, J. & Möller, J. (2008). Familiäre Bedingungen und individuelle Prädiktoren der Lesekompetenz von Schülerinnen und Schülern. *Psychologie in Erziehung und Unterricht, 55,* 227-237.

Rheinberg, F. (2002). Bezugsnormen und schulische Leistungsbeurteilung. In F. E. Weinert (Hrsg.), *Leistungsmessungen in Schulen* (2., unveränd. Aufl.; S. 59-71). Weinheim: Beltz.

Rheinberg, F. (2004). *Motivationsdiagnostik.* Göttingen: Hogrefe.

Rheinberg, F. (2006). Bezugsnormorientierung. In D. H. Rost (Hrsg.), *Handwörterbuch Pädagogische Psychologie* (3., überarb. u. erw. Aufl.; S. 55-62). Weinheim: Beltz.

Rheinberg, F. & Wendland, M. (2001). *DFG-Bericht zum Projekt „Förderung von Motivationskomponenten".* Potsdam: Universität Potsdam.

Rheinberg, F. & Wendland, M. (2002). Veränderung der Lernmotivation in Mathematik: Eine Komponentenanalyse auf der Sekundarstufe I. *Zeitschrift für Pädagogik, 48 (45. Beiheft),* 308-319.

Ricken, G., Fritz, A., Schuck, K. D. & Preuß, U. (2007). *Hannover-Wechsler-Intelligenztest für das Vorschulalter – III (HAWIVA-III).* Göttingen: Hogrefe.

Rohde, T. E. & Thompson, L. A. (2007). Predicting academic achievement with cognitive ability. *Intelligence, 35,* 83-92.

Rist, F. & Dirksmeier, C. (2001). Leistungsdiagnostik bei psychischen Störungen. In R.-D. Stieglitz, U. Baumann & H. J. Freyberger (Hrsg.), *Psychodiagnostik in Klinischer Psychologie, Psychiatrie, Psychotherapie* (2., überarb. u. erw. Aufl.; S. 145-158). Stuttgart: Thieme.

Röbe, E. (2005). Leistung in der Grundschule. Argumentationslinien von Ilse Lichtenstein-Rother. In H. Bartnitzky (Hrsg.), *Pädagogische Leistungskultur: Materialien für Klasse 1 und 2. Beiträge zum pädagogischen Leistungsbegriff* (S. 34-48). Frankfurt/Main: Grundschulverband – Arbeitskreis Grundschule e.V.

Rollett, B. (2006). Anstrengungsvermeidung. In D. H. Rost (Hrsg.), *Handwörterbuch Pädagogische Psychologie* (3., überarb. u. erw. Aufl.; S. 14-20). Weinheim: Beltz.

Rost, D. H. & Schilling, S. R. (2006). Pädagogische Verhaltensmodifikation. In D. H. Rost (Hrsg.), *Handwörterbuch Pädagogische Psychologie* (3., überarb. u. erw. Aufl.; S. 548-559). Weinheim: Beltz.

Rost, D. H. & Sparfeldt, J. R. (2002). Facetten des schulischen Selbstkonzepts. Ein Verfahren zur Messung des differentiellen Selbstkonzepts schulischer Leistungen und Fähigkeiten (DISK-Gitter). *Diagnostica, 48,* 130-140.

Rost, D. H., Sparfeldt, J. R. & Schilling, S. R. (2007). *Differentielles Schulisches Selbstkonzept-Gitter mit Skala zur Erfassung des Selbstkonzepts schulischer Leistungen und Fähigkeiten (DISK-Gitter mit SKSLF-8).* Göttingen: Hogrefe.

Roßbach, H.-G. (2002). Unterrichtsqualität im 2. Schuljahr – Ergebnisse einer empirischen Untersuchung. *Unterrichtswissenschaft, 30,* 230-245.

RRZN Hannover (2002). *SPSS für Fortgeschrittene. Durchführung fortgeschrittener statistischer Analysen* (3., veränd. Aufl.). Saarbrücken: Regionales Rechenzentrum für Niedersachsen/Universität Hannover und Fachrichtung Psychologie der Universität des Saarlandes.

Ryan, R. M. & Deci, E. L. (2000a). Intrinsic and extrinsic motivations: Classic definitions and new directions. *Contemporary Educational Psychology, 25,* 54-67.

Ryan, R. M. & Deci, E. L. (2000b). Self-determination theory and the facilitation of intrinsic motivation, social development, and well-being. *American Psychologist, 55,* 68-78.

Sacher, W. (2004). *Leistungen entwickeln, überprüfen und beurteilen. Bewährte und neue Wege für die Primar- und Sekundarstufe* (4., überarb. u. erw. Aufl.). Bad Heilbrunn/Obb.: Klinkhardt.

Saklofske, D. H., Weiss, L. G., Raiford, S. E. & Prifitera, A. (2006). Advanced interpretive issues with the WISC-IV Full-Scale IQ and general ability index scores. In L. G. Weiss, D. H. Saklofske, A. Prifitera & J. A. Holdnack (Eds.), *WISC-IV advanced clinical interpretation* (pp. 99-138). Amsterdam: Elsevier.

Saldern, M. v. (1999). *Schulleistung in Diskussion.* Baltmannsweiler: Schneider Verlag Hohengehren.

Satow, L. (1999). Schulbezogene Selbstwirksamkeitserwartungen und Prüfungsangst – Eine Mehrebenenanalyse mit latenten Variablen. *Zeitschrift für Pädagogische Psychologie, 13,* 207-211.

Sauer, J. (2006). Prognose von Schulerfolg. In D. H. Rost (Hrsg.), *Handwörterbuch Pädagogische Psychologie* (3., überarb. u. erw. Aufl.; S. 584-595). Weinheim: Beltz.

Sauer, J. & Gamsjäger, E. (1996). *Ist Schulerfolg vorhersagbar? Die Determinanten der Grundschulleistung und ihr prognostischer Wert für den Sekundarschulerfolg.* Göttingen: Hogrefe.

Scarr, S. & Weinberg, R. A. (1978). The influence of „family background" on intellectual attainment. *American Sociological Review, 43,* 674-692.

Schaarschmidt, U., Ricken, G., Kieschke, U. & Preuß, U. (2004). *Bildbasierter Intelligenztest für das Vorschulalter (BIVA).* Göttingen: Hogrefe.

Schiefele, U. & Schreyer, I. (1994). Intrinsische Lernmotivation und Lernen. *Zeitschrift für Pädagogische Psychologie, 8,* 1-13.

Schiefele, U., Streblow, L., Ermgassen, U. & Moschner, B. (2003). Lernmotivation und Lernstrategien als Bedingungen der Studienleistungen. *Zeitschrift für Pädagogische Psychologie, 17,* 185-198.

Schiefele, U. & Urhahne, D. (2000). Motivationale und volitionale Bedingungen der Studienleistung. In U. Schiefele & K.-P. Wild (Hrsg.), *Interesse und Lernmotivation: Untersuchungen zu Entwicklung, Förderung und Wirkung* (S. 183-205). Münster: Waxmann.

Schiefele, U. & Wild, K.-P. (Hrsg.). (2000). *Interesse und Lernmotivation: Untersuchungen zu Entwicklung, Förderung und Wirkung.* Münster: Waxmann.

Schilling, S. R., Sparfeldt, J. R. & Rost, D. H. (2006). Facetten schulischen Selbstkonzepts. Welchen Unterschied macht das Geschlecht? *Zeitschrift für Pädagogische Psychologie, 20,* 9-18.

Schilling, S. R., Sparfeldt, J. R., Rost, D. H. & Nickels, G. (2004). Schulische Selbstkonzepte – Zur Validität einer erweiterten Version des Differentiellen Selbstkonzept Gitters (DISK-Gitter). *Diagnostica, 51,* 21-28.

Schmidt, F. L. & Hunter, J. (2004). General mental ability in the world of work: Occupational attainment and job performance. *Journal of Personality and Social Psychology, 86,* 162-173.

Schmitz, B. (2003). Selbstregulation – Sackgasse oder Weg mit Forschungsperspektive? *Zeitschrift für Pädagogische Psychologie, 17,* 221-232.

Schneider, W., Bullock, M. & Sodian, B. (1998). Die Entwicklung des Denkens und der Intelligenzunterschiede zwischen Kindern. In F. E. Weinert (Hrsg.), *Entwicklung im Kindesalter* (53-74). Weinheim: Beltz.

Schneider, W. & Stefanek, J. (2007). Entwicklung der Rechtschreibleistung vom frühen Schul- bis zum frühen Erwachsenenalter. Längsschnittliche Befunde der Münchner LOGIK-Studie. *Zeitschrift für Pädagogische Psychologie, 21,* 77-82.

Schöne, C., Dickhäuser, O., Spinath, B. & Stiensmeier-Pelster, J. (2002). *Skalen zur Erfassung des schulischen Selbstkonzepts (SESSKO).* Göttingen: Hogrefe.

Schöne, C., Dickhäuser, O., Spinath, B. & Stiensmeier-Pelster, J. (2003). Das Fähigkeitsselbstkonzept und seine Erfassung. In J. Stiensmeier-Pelster & F. Rheinberg (Hrsg.), *Diagnostik von Motivation und Selbstkonzept* (S. 3-14). Göttingen: Hogrefe.

Schulgesetz für das Land Nordrhein-Westfalen vom 15. Februar 2005. Verfügbar unter: http://www.schulministerium.nrw.de/BP/Schulrecht/Gesetze/SchulG_Info/Schulgesetz.pdf [27.01.2009; 14.34h]

Schunk, D. H. (2000). Coming to terms with motivation constructs. *Contemporary Educational Psychology, 25,* 116-119.

Schwippert, K., Bos, W. & Lankes, E.-M. (2003). Heterogenität und Chancengleichheit am Ende der vierten Jahrgangsstufe im internationalen Vergleich. In W. Bos, E.-M. Lankes, M. Prenzel, K. Schwippert, G. Walther & R. Valtin (Hrsg.), *Erste Ergebnisse aus IGLU* (S. 265-302). Münster: Waxmann.

Selter, C. (2008). Denken, rechnen, reden. Allgemeine mathematische Kompetenzen. *Grundschule, 40,* 16-19.

Shavelson, R. J., Hubner, J. J. & Stanton, G. C. (1976). Self-Concept: Validation of construct interpretations. *Review of Educational Research, 46,* 407-441.

Snijders, J. T., Tellegen, P. J. & Laros, J. A. (1997). *Snijders-Oomen Non-verbaler Intelligenztest (SON-R 5½-17)* (2., korr. Aufl.). Göttingen: Hogrefe.

Souvignier, E. & Mokhlesgerami, J. (2005). Implementation eines Programms zur Vermittlung von Lesestrategien im Deutschunterricht. Die Rolle der Lehrenden. *Zeitschrift für Pädagogische Psychologie, 19,* 249-261.

Sparfeldt, J. R. & Schilling, S. R. (2006). Underachievement. In D. H. Rost (Hrsg.), *Handwörterbuch Pädagogische Psychologie* (3., überarb. u. erw. Aufl.; S. 804-812). Weinheim: Beltz.

Sparfeldt, J. R., Schilling, S. R. & Rost, D. H. (2006). Hochbegabte Underachiever als Jugendliche und junge Erwachsene. Des Dramas zweiter Akt? *Zeitschrift für Pädagogische Psychologie, 20,* 213-224.

Sparfeldt, J. R., Schilling, S. R., Rost, D. H., Stelzl, I. & Peipert, D. (2005). Leistungsängstlichkeit: Facetten, Fächer, Fachfacetten? *Zeitschrift für Pädagogische Psychologie, 19,* 225-236.

Spearman, C. (1904). `General intelligence´, objectively determined and measured. *American Journal of Psychology, 15,* 201-293.

Spiel, C., Glück, J. & Gößler, H. (2004). Schlussfolgerndes Denken – SDV. Messung von Leistungsprofil und Leistungshöhe im schlussfolgernden Denken im SDV – Die Integration von Piagets Entwicklungskonzept und Item-Response Modellen. *Diagnostica, 50,* 145-152.

Spinath, B., Spinath, F. M., Harlaar, N. & Plomin, R. (2006). Predicting school achievement from general cognitive ability, self-perceived ability, and intrinsic value. *Intelligence, 34,* 363-374.

Staub, F. C. & Stern, E. (2002). The nature of teachers' pedagogical content beliefs matters for students' achievement gains: Quasi-experimental evidence from elementary mathematics. *Journal of Educational Psychology, 94,* 344-355.

Steiner, G. (1996). Lernverhalten, Lernleistung und Instruktionsmethoden. In F. E. Weinert (Hrsg.), *Psychologie des Lernens und der Instruktion* (Enzyklopädie der Psychologie: Themenbereich D, Praxisgebiete: Ser. 1, Pädagogische Psychologie; Bd. 2; S. 279-318). Göttingen: Hogrefe.

Steiner, G. (2006). Lernen und Wissenserwerb. In A. Krapp & B. Weidenmann (Hrsg.), *Pädagogische Psychologie* (5., vollst. überarb. Aufl.; S. 137-202). Weinheim: Beltz.

Sternberg, R. J. (1985). *Beyond IQ: A triarchic theory of human intelligence.* New York: Cambridge University Press.

Sternberg, R. J. (1993). *Sternberg Triarchic Abilities Test (STAT).* Unpublished test.

Sternberg, R. J. (Ed.). (2004). *International handbook of intelligence.* Cambridge: Cambridge University Press.

Sternberg, R. J. (2005). The triarchic theory of successful intelligence. In D. P. Flanagan & P. L. Harrison (Eds.), *Contemporary intellectual assessment. Theories, tests, and issues* (2nd ed.; pp. 103-119). New York: Guilford.

Stöckli, G. (1992). Schulische Übergänge und Emotionen in der Eltern-Kind-Beziehung. *Psychologie in Erziehung und Unterricht, 39,* 116-124.

Süß, H.-M. (2001). Prädiktive Validität der Intelligenz im schulischen und außerschulischen Bereich. In E. Stern & J. Guthke (Hrsg.), *Perspektiven der Intelligenzforschung* (109-136). Lengerich: Pabst.

Tellegen, P. J., Laros, J. A. & Petermann, F. (2007). *Snijders-Oomen Non-verbaler Intelligenztest (SON-R 2½-7)* (Dt. Standardisierung). Göttingen: Hogrefe.

Tent, L. (2006a). Schulreife und Schulfähigkeit. In D. H. Rost (Hrsg.), *Handwörterbuch Pädagogische Psychologie* (3., überarb. u. erw. Aufl.; S. 647-657). Weinheim: Beltz.

Tent, L. (2006b). Zensuren. In D. H. Rost (Hrsg.), *Handwörterbuch Pädagogische Psychologie* (3., überarb. u. erw. Aufl.; S. 873-880). Weinheim: Beltz.

Tewes, U. (Hrsg.). (1994). *Hamburg-Wechsler Intelligenztest für Erwachsene – Revision 1991* (2., korr. Aufl.). Göttingen: Hogrefe.

Tewes, U., Rossmann, P. & Schallberger, U. (Hrsg.). (1999). *Hamburg-Wechsler-Intelligenztest für Kinder – Dritte Auflage (HAWIK-III).* Bern: Huber.

Thurstone, J. J. (1938). *Primary mental abilities.* Chicago: Chicago University Press.

Tiedemann, J. & Billmann-Mahecha, E. (2004). Kontextfaktoren der Schulleistung im Grundschulalter. Ergebnisse aus der Hannoverschen Grundschulstudie. *Zeitschrift für Pädagogische Psychologie, 18,* 113-124.

Trautwein, U. & Köller, O. (2003). Was lange währt, wird nicht immer gut. Zur Rolle selbstregulativer Strategien bei der Hausaufgabenerledigung. *Zeitschrift für Pädagogische Psychologie, 17,* 199-209.

Trautwein, U. & Lüdtke, O. (2005). The big-fish-little-pond effect. Future research questions and educational implications. *Zeitschrift für Pädagogische Psychologie, 19,* 137-140.

Treiber, B. (1982). Lehr- und Lernzeiten im Unterricht. In B. Treiber & F. E. Weinert (Hrsg.), *Lehr-Lern-Forschung* (S. 12-36). München: Urban & Schwarzenberg.

Upmeier zu Belzen, A., Vogt, H., Wieder, B. & Christen, F. (2002). Schulische und außerschulische Einflüsse auf die Entwicklung von naturwissenschaftlichen Interessen bei Grundschulkindern. *Zeitschrift für Pädagogik, 48 (45. Beiheft),* 291-307.

Valentine, J. C., DuBois, D. L. & Cooper, H. (2004). The relation between self-beliefs and academic achievement: A metaanalytic review. *Educational Psychologist, 39,* 111-133.

Vallerand, R. J., Pelletier, L. G., Blais, M. R., Brière, N. M., Senécal, C. & Vallières, E. F. (1992). The Academic Motivation Scale: A measure of intrinsic, extrinsic, and amotivation in education. *Educational and Psychological Measurement, 52,* 1003-1017.

Vansteenkiste, M., Timmermans, T., Lens, W., Soenens, B. & Van den Broeck, A. (2008). Does extrinsic goal framing enhance extrinsic goal-oriented individuals' learning and performance? An experimental test of the match perspective versus self-determination theory. *Journal of Educational Psychology, 100,* 387-397.

Volker, M. A., Lopata, C. & Cook-Cottone, C. (2006). Assessment of children with intellectual giftedness and reading disabilities. *Psychology in the Schools, 43,* 855-869.

Wagner, J. W. L. (1977). *Fragebogen zum Selbstkonzept für 4.-6. Klassen (FSK 4-6).* Weinheim: Beltz.

Wagner, P., Spiel, C. & Tranker, M. (2003). Wer nimmt Nachhilfe in Anspruch? Eine Analyse in Hauptschule und Gymnasium. *Zeitschrift für Pädagogische Psychologie, 17,* 233-243.

Walberg, H. J. (1990). A theory of educational productivity: Fundamental substance and method. In P. Vedder (Ed.), *Fundamental studies in educational research* (pp. 19-34). Lisse: Swets & Zeitlinger.

Walker, C. O., Greene, B. A. & Mansell, R. A. (2006). Identification with academics, intrinsic/extrinsic motivation, and self-efficacy as predictors of cognitive engagement. *Learning and Individual Differences, 16,* 1-12.

Watkins, M. W., Lei, P.-W. & Canivez, G. L. (2007). Psychometric intelligence and achievement: A cross-lagged panel analysis. *Intelligence, 35,* 59-68.

Wang, M. C., Haertel, G. D. & Walberg, H. J. (1993). Toward a knowledge base for school learning. *Review of Educational Research, 63,* 249-294.

Weber, A. & Stefanek, J. (1998). Überblick über die Längsschnittstudie LOGIK. In F. E. Weinert (Hrsg.), *Entwicklung im Kindesalter* (S. 37-52). Weinheim: Beltz.

Wechsler, D. (1974). *Selected papers of David Wechsler.* New York: Academic Press.

Wechsler, D. (1991). *The Wechsler Intelligence Scale for Children – III. Manual.* New York: Psychological Corporation.

Wechsler, D. (2003a). *The Wechsler Intelligence Scale for Children – Fourth Edition. Administration and scoring manual.* San Antonio: Psychological Corporation.

Wechsler, D. (2003b). *The Wechsler Intelligence Scale for Children – Fourth Edition. Technical and interpretive manual.* San Antonio: Psychological Corporation.

Weinert, F. E. & Helmke, A. (1995). Inter-classroom differences in instructional quality and interindividual differrences in cognitive development. *Educational Psychologist, 30,* 15-20.

Weinert, F. E. & Helmke, A. (Hrsg.). (1997). *Entwicklung im Grundschulalter.* Weinheim: Beltz.

Weiß, R. H. (1998). *Grundintelligenztest Skala 2 mit Wortschatztest (WS) und Zahlenfolgentest (ZF) (CFT 20)* (4., überarb. Aufl.). Göttingen: Hogrefe.

Weiß, R. H. (2006). *Grundintelligenztest Skala 2 – Revision (CFT 20-R) mit Wortschatztest und Zahlenfolgentest – Revision (WS/ZF-R).* Göttingen: Hogrefe.

Whyte, J. (1993). Longitudinal correlates and outcomes of initial reading progress for a sample of Belfast boys. *European Journal of Psychology of Education, 8,* 325-340.

Wiemer, H. (1999). Leistungserziehung ohne Noten. Professionelle Leistungsförderung in einer schülerorientierten Leistungsschule. In W. Böttcher, U. Brosch & H. Schneider-Petri (Hrsg.), *Leistungsbewertung in der Grundschule* (S. 56-67). Weinheim: Beltz.

Wilberg, S. & Rost, D. H. (1999). Große Klassen – kleine Leistung? Klassenstärke und Geschichtskenntnisse in fünfzehn Ländern. *Zeitschrift für Entwicklungspsychologie und Pädagogische Psychologie, 31,* 138-143.

Wild, E. (2001). Familiale und schulische Bedingungen der Lernmotivation von Schülern. *Zeitschrift für Pädagogik, 47,* 481-499.

Wild, E., Hofer, M. & Pekrun, R. (2006). Psychologie des Lerners. In A. Krapp & B. Weidenmann (Hrsg.), *Pädagogische Psychologie* (5., vollst. überarb. Aufl.; S. 203-267). Weinheim: Beltz.

Wild, E. & Remy, K. (2002). Affektive und motivationale Folgen der Lernhilfen und lernbezogenen Einstellungen von Eltern. *Unterrichtswissenschaft, 30,* 27-51.

Wild, K.-P. & Krapp, A. (1995). Elternhaus und intrinsische Lernmotivation. *Zeitschrift für Pädagogik, 41,* 579-595.

Wild, K.-P. & Krapp, A. (1996). Die Qualität subjektiven Erlebens in schulischen und betrieblichen Lernumwelten: Untersuchungen mit der Erlebens-Stichproben-Methode. *Unterrichtswissenschaft, 24,* 195-216.

Williams, G. C., McGregor, H. A., Sharp, D., Levesque, C., Kouides, R. W., Ryan, R. M. & Deci, E. L. (2006). Testing a self-determination theory intervention for motivating tobacco cessation: Supporting autonomy and competence in a clinical trial. *Health Psychology, 25,* 91-101.

Winkel, S., Petermann, F. & Petermann, U. (2006). *Lernpsychologie.* Paderborn: Schöningh.

Winter, F. (2006). *Leistungsbewertung. Eine neue Lernkultur braucht einen anderen Umgang mit den Schülerleistungen.* Baltmannsweiler: Schneider Verlag Hohengehren.

Woodcock, R. W. (1990). Theoretical foundations of the WJ-R measures of cognitive ability. *Journal of Psychoeducational Assessment, 8,* 231-258.

Woodcock, R. W., McGrew, K. S. & Mather, N. (2001). *Woodcock-Johnson III.* Itasca: Riverside Publishing.

Wünsche, P. & Schneewind, K. A. (1989). Entwicklung eines Fragebogens zur Erfassung von Selbst- und Kompetenzeinschätzungen bei Kindern (FSK-K). *Diagnostica, 35,* 217-235.

Ziegenspeck, J. W. (1999). *Handbuch Zensur und Zeugnis in der Schule.* Bad Heilbrunn/Obb.: Klinkhardt.

Zimmerman, B. J. (2000). Self-efficacy: An essential motive to learn. *Contemporary Educational Psychology, 25,* 82-91.

Zimmerman, B. J. & Schunk, D. H. (2008). Motivation. An essential dimension of self-regulated learning. In B. J. Zimmerman & D. H. Schunk (Eds.), *Motivation and self-regulated learning. Theory, research, and applications* (pp. 1-30). New York: Lawrence Erlbaum Associates.

Zöfel, P. (2003). *Statistik für Psychologen.* München: Pearson.

ANHANG A. TABELLEN

Tabelle A1. Kolmogorov-Smirnov-Anpassungstest zur Überprüfung der Index-Werte des ersten Testzeitpunkts auf Normalverteilung

		SV	WLD	AG	VG
Parameter der NV [a, b]	*MW*	95.53	97.84	97.71	100.75
	SD	12.406	11.045	13.073	14.523
Extremste Differenzen	*Absolut*	.078	.072	.123	.065
	Positiv	.078	.061	.063	.062
	Negativ	-.067	-.072	-.123	-.065
Kolmogorov-Smirnov-Z		.751	.696	1.188	.624
Asymptotische Signifikanz (2-seitig)		.625	.717	.119	.831

Anmerkungen: SV: Sprachverständnis; WLD: Wahrnehmungsgebundenes Logisches Denken; AG: Arbeitsgedächtnis; VG: Verarbeitungsgeschwindigkeit. NV: Normalverteilung; MW: Mittelwert; SD: Standardabweichung. [a] Die zu testende Verteilung ist eine Normalverteilung. [b] Aus den Daten berechnet.

Tabelle A2. Kolmogorov-Smirnov-Anpassungstest zur Überprüfung der Index-Werte des zweiten Testzeitpunkts auf Normalverteilung

		SV	WLD	AG	VG
Parameter der NV [a, b]	*MW*	98.63	102.30	101.15	107.00
	SD	12.723	11.303	13.525	13.548
Extremste Differenzen	*Absolut*	.123	.072	.099	.074
	Positiv	.123	.049	.099	.074
	Negativ	-.064	-.072	-.072	-.074
Kolmogorov-Smirnov-Z		1.183	.696	.951	.710
Asymptotische Signifikanz (2-seitig)		.122	.717	.326	.694

Anmerkungen: SV: Sprachverständnis; WLD: Wahrnehmungsgebundenes Logisches Denken; AG: Arbeitsgedächtnis; VG: Verarbeitungsgeschwindigkeit. NV: Normalverteilung; MW: Mittelwert; SD: Standardabweichung. [a] Die zu testende Verteilung ist eine Normalverteilung. [b] Aus den Daten berechnet.

ANHANG B. VERZEICHNISSE

Tabellenverzeichnis

Kastenverzeichnis

Abbildungsverzeichnis

Zeitfracht Medien GmbH
Ferdinand-Jühlke-Straße 7
99095 Erfurt, Deutschland
produktsicherheit@kolibri360.de